JN129103

楠　淳證　編

南都学・北嶺学の世界

法会と仏道

法藏館

序　文
――南都学・北嶺学の構築に向けて――

一　龍谷大学

龍谷大学は、寛永十六年（一六三九）に西本願寺阿弥陀堂北側に開設された「学寮」を淵源とし、三百七十有余年にわたる仏教研究を蓄積してきました。その間、大正十一年（一九二二）の大学令によって龍谷大学となり、昭和二十四年（一九四九）の学校教育法によって文学部を設置した新制大学として再認可され、翌年には短期大学部をも設置しました。以降、経済学部・経営学部・法学部・理工学部・社会学部・政策学部・国際学部・農学部を相次いで開設し、今日に至っています。今や龍谷大学は、これら九学部一短大におよぶ各種の学的体系を有した総合大学であり、その知的財産は複合型研究によって、さらに幾重にも進展する可能力を有しています。これは仏教研究においても同様であり、すでに龍谷大学の仏教研究は理工学部との複合型研究によって古典籍のデジタルアーカイブ化も行なっており、大きな成果をあげています。

二　アジア仏教文化研究センターの研究プロジェクト

このような背景のもと、龍谷大学は平成二十七年（二〇一五）四月に、仏教研究の世界的プラットフォームとなるべき「世界仏教文化研究センター」を新たに創設しました。その設立趣旨を具現化したのが、その傘下に組み入れられたアジア仏教文化研究センターでした。アジア仏教文化研究センターは、龍谷大学が長年にわたって培ってきた「仏教学研究」の成果を多角的に進展させるため、文部科学省が進める私立大学戦略的研究基盤形成支援事業に、研究プロジェクト「日本仏教の通時的共時的研究――多文化共生社会における課題と展望――」（平成二十七年度より平成三十一年度）をテーマとして応募し、採択されました。

本研究プロジェクトは、日本仏教を世界的な視野から通時的・共時的に捉えるとともに、日本仏教が直面する諸課題を多文化共生の文脈で学際的に追究し、今後の展望を試みるものです。すなわち、古代から近世に至る日本仏教の特殊性・普遍性を包括的に分析することで東アジア仏教圏の中に日本仏教を位置づけ、また近代日本の仏教者たちが国家間の対立を超えた連帯や思想構築に如何に向き合ってきたかを明らかにし、さらには現代日本の仏教者による社会活動や地域社会との関わりを広くアジア諸地域における事例と比較対照しつつ多面的に研究していく点等に、特色を有しています。その結果、多文化共生の現代社会において、日本仏教が如何なる役割を果たしうるのかという「課題と展望」を考究し、一定の結論を出していくところに本研究プロジェクトの目的があります。これは、世界仏教文化研究センターの理念でもある「仏教を包括的多角的複合的に研究する」あり方を、日本仏教をキーワードに進展させていくものであり、ここに将来の龍谷大学世界仏教文化研究センターを基盤とする日本仏教研究の展望があるといってよいでしょう。

そのため本研究プロジェクトでは、日本仏教を通時的面より研究する第一グループと共時的面より研究する第二グループとに大きく分け、さらに第一グループにはユニットA「日本仏教の形成と展開」およびユニットB「近代日本仏教と国際社会」を、第二グループにはユニットA「現代日本仏教の社会性・公益性」およびユニットB「多文化共生社会における日本仏教の課題と展望」の四ユニットを設置し、さらにその傘下に「教行信証班」「南都学北嶺学班」「仏教系世界図班」「明治仏教班」「戦時下日本仏教班」「大谷光瑞師班」「日本仏教の社会性公益性班」「現代アジア仏教班」「多文化共生班」の計九つのサブユニットを設置しました。これらのサブユニットでは、各自の研究テーマを進展させ深化させると共に、他のサブユニットとの連携研究によって新たな知見をも獲得していこうとしており、ここに本研究プロジェクトの持つ、今一つの意義があるといってよいでしょう。

この点では南都学北嶺学もまた同様であり、建学以来の「倶舎・唯識・華厳・天台の学」を再組織化して連携・進展させ、四つの学の研究をより一層深めると共に、他のサブユニットとの連携研究、あるいは他の分野との複合型研究による、新たな知見の獲得をめざしています。ここに、五年時限の本研究プロジェクトにおける南都学・北嶺学班の基本的な研究方針があります。

三　南都学と北嶺学

実は「南都学・北嶺学」という名称は、このたび新たに創作した造語です。すでにある奈良学や京都学・滋賀学などとは異なり、あくまでも「仏教学」という学問体系を機軸とした諸研究をさして、「南都学」「北嶺学」と呼ぶことにしました。もちろん、「南都」「北嶺」という用語自体は古くから用いられているもので、具体的には都が平城京から平安京に遷されて以降、さまざまな史資料に散見されるようになりました。周知のように、上代日本においては遷都が頻繁に行なわれました。すなわち、六三四年の飛鳥板蓋宮《いたぶきのみや》以降、六四五年には難波長柄豊崎宮《ながらのとよさきのみや》へ、六五五年には飛鳥宮へ、六七二年には飛鳥浄御《きよみ》原宮《はらのみや》へ、六九四年には藤原京へ、七〇一年には「平城京」（第一次）へ、七四〇年には山背恭《く》仁京《にのみや》へ、七四四年には紫香楽宮《しがらきのみや》および難波京へ、七四五年には再び「平城京」（第二次）へ、七八四年には長岡京へ、そして七九四年に「平安京」へ遷都し、明治になって都が東京に移るまで、長らく日本の首都でした。この間、興福寺・東大寺・薬師寺等の諸大寺を擁する奈良の地（旧平城京）は平安京（現京都）より南にある点より、「南都」と呼ばれるようになりました。

我が国に仏教が公伝したのは西暦五五二年（南都説では五三八年）のことであり、その後、中国で成立した学派仏教（宗）が三論・成実・法相・倶舎・華厳・律の順に日本へ伝えられ、奈良の地において隆盛を見ます。これを「南都六宗」といいます。通常、これらの六宗を「南都仏教」と呼びますが、一方で藤原氏の氏寺であった興福寺を拠点とする法相宗の力が極めて強かったので、南都といえば興福寺そのものを指す場合もありました。そして、これらの諸宗諸大寺は次第に寺院の経営基盤を磐石にしていくと共に、「論義」による教学研鑽を深めていき、やがて種々の仏教文化をも形成するに至りました。これらの研究については、すでに仏教各宗の教義研究や各学侶の思想研究等が「日本仏教学」の範疇でなされる他、「仏教と文献学」「仏教と歴史学」「仏教と図像学」「仏教と法会学」などの諸分野にわたって、卓越した研究が種々に示されています。たとえば、文献学では比較言語学や書誌学・訓点学等を生み出しましたが、特に仏教古典籍の読解研究においては仏教学者・国文学者等によって、それぞれの学体系に基づく研究成果が多数示されるに至りました。また、歴史学の分野においては、寺院史・人物史・法会史・発掘学等の他、寺院の組織経営や財政経営などについての研究も史資料（古典籍）や発掘資料等をもとに行なわれています。また、図像学（図像解釈学）の面においても、仏教の進展にともなって仏像や仏画等にさまざまな変化が見られたことなど、多角的視野からの研究が多数、示されています。その他、寺院建築をもととして発展した建築学や法会における声明・雅楽等、あるいは大茶盛・法論味噌《ほろみそ》・納豆・酒（元興寺酒座）などの諸文化に至るまで、それぞれの学体系のもとでの多方面からの研究が行なわれているのが実情です。

一方、「北嶺」の用語が登場するのは、平安時代になって中国から帰朝した伝教大師最澄（七六七～八二二）が比叡山を拠点に天台仏教を展開して以降です。最澄は南都の支配からの脱却をめざして「大乗戒壇の独立」と「一三権実論争」を展開し、比叡山を拠点にして南都とあい対しました。その後、義真（七八一～八三三）が初代天台座主となり、やがて日本天台宗が草創期から安定期に入ると、比叡山は「南都」に対して「北嶺」と呼ばれるようになり、声明・建築・仏像・仏画等において優れた仏教文化を形成するに至りました。また、江戸時代前期に比叡山延暦寺の領域がどこまでかを幕府に主張するために描かれたという「比叡山全図」や、教義・経営・植生に関する種々の古典籍も現在、比叡山には多数、残されています。これらを用いた教学研究はもちろんのこと、文献学・歴史学・図像学・経営学・寺院建築学・植生学等々の学体系を有した多方面からの研究が今現在、盛んに行なわれています。なお、鎌倉時代になると、比叡山より臨済宗・曹洞宗・浄土宗・浄土真宗・時宗・日蓮宗などの諸宗が生まれ、また京都の巷には仏教を基盤とした茶道・華道・香道・書道などの諸芸道も花開きました。

この度の研究プロジェクトにおいて推進する「南都学・北嶺学」の中核は、あくまでも「仏教学」にあり、南都六宗の教学ならびに天台教学についての研究を深め、進展させることにあります。しかし、日本の仏教を教学展開の観点からのみ見たのでは、その実体を把握することはできません。なぜならば、日本仏教がさまざまな展開を見せることによって多種多様な「学問」や「芸道」が生み出され、それがまた日本仏教に新たな展開をもたらしているからです。そこで、この度の研究プロジェクトにおいては、単に「南都・北嶺の仏教」とはせず、「南都学・北嶺学」の造語をあえて用いることにしました。したがって、今回創始した「南都学・北嶺学」には、まだ学問体系がありません。まずは「南都学」「北嶺学」という大きな入れ物を作り、その中に種々の「学体系」を有した諸学問・諸文化を盛り込んでいくところに、新たな知見が獲得されるであろうことを企図しています。この点に実は、「南都学・北嶺学」の名称を創始した意義と意図があるのです。

四　刊行趣旨

かかる観点より、平成二十九年（二〇一七）六月三日と四日の両日、国際シンポジウム「南都学・北嶺学の世界――法会と仏道――」を落成なったばかりの奈良法相宗大本山薬師寺の「食堂《じきどう》」において開催いたしました。すなわち、第Ⅰ部・第Ⅱ部では、仏教学・法会学・歴史学・建築学等の幅広い視野より伝統ある「法会と仏道」の意義を明らかにし、第Ⅲ部においては「法会と仏道」を実践する僧侶の生活規範である戒律について考究し、これらを前提として第Ⅳ部において、東日本大震災という大災害を前に日本の仏教者（僧侶）が如何なる活動を行なったかを明らかにすることによって、仏道の現代的意義を問いたいと考えました。

その結果、法会（講を含む）による教学活動（聖教の成立）が隆盛になることによって仏道実践の思想的基盤が形成され、一仏繋属や三界唯心などの教義研鑽がそのまま仏道に直結していた実態、さらには本尊への帰依を鮮明にした「講式」の出現によって仏道実践のための諸信仰が展開し、かつ回向を首とする仏道のあり方が具現化されたこと等々が明らかとなりました。また、金堂・講堂・食堂などの講堂で行なわれていた講説・論義・悔過などの諸行（仏道）に加え、密教や禅の伝来によって厳格な修行道場となった僧堂等において食作法を初めとする戒律の実践がなされたこと、および中世の南都で復興された日本独特といってよい通受形式の具足戒授戒が現在に至るまで受け継がれていること、さらには中世の北嶺では戒を菩薩行の根本と位置づけた大乗戒と戒体に関する議論が展開されていたこと等々が示され、南都・北嶺を通じて戒行が常に重視し続けられてきたことが確認されました。その一方で、親鸞は仏道から最も迂遠の者と見られてきた罪悪深重の凡夫を「無戒名字の比丘」と呼び、信心を得た者は阿弥陀仏の常行大悲のはたらきに参与して利他を担うから、「無戒名字の比丘」こそが大乗仏教の仏道を歩む「世の真宝」であると位置づけられていたことも明らかにされました。これらの諸講演を受けて、南都の法相宗と華厳宗、北嶺の天台宗、さらには北嶺から分かれた浄土真宗の四宗に属する五名の僧侶による「東日本大震災での支援活動」についての講演とパネルディスカッションが行なわれ、その結果、現在に至るまで大乗仏教の仏道精神が脈々と受け継がれていることが明らかとなりました。これはまさしく、複数の専門家による諸研究と現代僧侶の活動実態とを合わせた複合的な新知見といってよく、これを一過性のシンポジウムで終わらせるのではなく、国内外に広く発信することで、「仏道」の意義を世に広く問おうと考えました。いわばこれは、今回の研究プロジェクト「日本仏教の通時的共時的研究——多文化共生社会における課題と展望——」を南都学北嶺学研究の上で具現化したものであるといってよく、ここに本書、龍谷大学アジア仏教文化研究叢書6『南都学・北嶺学の世界——法会と仏道——』刊行の趣旨があります。

なお、六月の国際シンポジウム「南都学・北嶺学の世界——法会と仏道——」を開催するにあたっては、法相宗大本山薬師寺さま（村上太胤管主・加藤朝胤執事長）に、多大なご尽力をたまわりました。また、刊行にあたっては八人の研究者の先生方、五人の僧侶の方々、ならびに薬師寺さま（写真提供／解説文は加藤大覺録事）より、身に余るご協力をたまわりました。ここに編集者として、かつまた龍谷大学アジア仏教文化研究センター長として、深甚の謝意を表する次第です。

平成三十年三月一日

龍谷大学アジア仏教文化研究センター
センター長　楠　淳證

南都学・北嶺学の世界——法会と仏道——＊目次

目次

第Ⅱ部　法会の空間

第Ⅲ部　僧の生活と持律

南都の戒律

——中世の復興から現代を考える——

親鸞と戒律

——無戒名字の比丘——

第Ⅳ部　東日本大震災と仏教――仏道の現代的意義――

【パネルディスカッション】

東日本大震災と仏教——仏道の現代的意義——

コーディネーター　若原雄昭

パネリスト　大谷徹奘　金澤　豊　安部智海　高見昌良　森本公穣

二六七

南都学・北嶺学の世界

——法会と仏道——

第Ⅰ部

法会と論義

永村　眞

中世南都諸寺の法会

——講説・論義・打集を中心に——

永村　眞（ながむら　まこと）

一九四八年生まれ。熊本県出身。早稲田大学政治経済学部経済学科卒業、早稲田大学大学院文学研究科博士課程後期中退、東京大学史料編纂所助手・助教授、日本女子大学文学部助教授・教授を経て、現在、日本女子大学名誉教授、東大寺学術顧問。文学博士。専門は日本中世史。

主要著書・論文

『中世東大寺の組織と経営』（塙書房、一九八九年）
『中世寺院史料論』（吉川弘文館、二〇〇〇年）
『儀礼に見る日本の仏教――東大寺・興福寺・薬師寺――』（共著、法藏館、二〇〇一年）
『醍醐寺の歴史と文化財』（編著、勉誠出版、二〇一一年）
『中世の門跡と公武権力』（編著、戎光祥出版、二〇一七年）
ほか多数。

一　はじめに

日本仏教史の研究には、一つに、辻善之助氏の『日本仏教史』という古典的な業績に代表される、政治史・政治体制との関わりのなかで仏教教団の足跡を語るという研究手法があり、このもとで日本仏教史の通説が形作られてきた。黒田俊雄氏の「顕密仏教」という概念も、強いていえば、その流れのなかに位置づけられる。今一つは、島地大等氏『日本仏教教学史』に見られる、「宗」とその祖師の思想を通史的にたどるなかで、仏教史の教学的な発展を追うという研究手法であり、その延長上に近年の寺院史料の調査に基づく実態的な研究がある。すなわち寺院に伝来する多様な史料、とりわけ宗教活動のなかで生まれた聖教類を素材として、寺院社会の構造のもとで仏教受容の実相を歴史的にたどる研究は、特に法会や修学という側面で見るべき成果をあげている。

二〇〇一年に奈良女子大学において研究集会「「法会学」への招待」が開催され、その成果は『儀礼にみる日本の仏教――東大寺・興福寺・薬師寺――』（法藏館刊）として刊行された。東大寺・興福寺・薬師寺において勤修されてきた多様な法会を、その歴史・教学・次第・道場等の視点から検討を加えたもので、法会研究を本格化させる重要な契機となったことは確かである。ただし本研究集会の意義は大きかったが、これ以降に「法会学」という概念が明確に規定・共有され、そのもとで多くの研究成果があがったとはいえない。

ここで改めて寺院における法会という宗教活動を考えると、一つに古代から継承され発展を遂げた日本の仏教の興隆を支えるとともに、仏法存続の拠点としての寺院社会を支えるという、極めて本質的かつ実質的な役割があった。宗教的・社会的な側面から見れば、寺僧の教学活動に裏打ちされた法会の勤修こそ、個別寺院のみならず寺院社会それ自体を存続させる本源的な条件であったといえる。仏法の相承を重要な任務とする寺院にとって、法会の勤修はその役割を象徴する重要な活動ということになろう。

そこで本稿では、宗教的・社会的な役割を負う法会が勤修された実態を踏まえ、改めて勤修の意味を考えることにしたい。特に南都の寺院において法会が如何に仏法相承を支えたか、主に東大寺に伝来した聖教類に目を向けながら具体的に跡付けることになる。

二　寺院と法会

法会には、それを創始する大前提として本願主の願念がある。治承四年（一一八〇）平氏の南都焼討ちにより東大寺は焼失し、養和元年（一一八一）に大仏造営を命ずる安徳天皇の宣旨が俊乗房重源に下された。すなわち「勅、（中略）而去年窮冬不慮有火、四百余歳之華構空化灰燼、三十二相之金姿悉交煙炎、禅定仙院（後白河法皇）忽聞斯緯、惻隠于懐、任礎石於旧製、採山木以致造営、撰鎔範於良工、聚国銅以欲修補、叡願之趣尤足随喜、夫有天下之富者朕也、有天下之勢者朕也、以此富勢将助禅念、亦答本願（聖武天皇）聖霊之嚢思」（『東大寺続要録』造仏篇）として、願主たる後白河法皇の意向と聖武天皇の本願に応えるため、安徳天皇の命により再建が企てられた。そして文治元年（一一八五）に鋳造を終えた大仏の開眼にあたり、「文治元年八月十七日丁卯、大仏開眼定也、権大納言宗家卿着仗座、召左中弁行隆朝臣、令進日時勘文今月廿八日戊寅、時午、次参議兼光卿着座、（中略）蔵人宮内権少輔親経、仰開眼・呪願・導師等開眼僧正定遍、呪願権僧正信円、導師権大僧都覚憲、又仰行事官事」とあるように、宮中で開催された「仗」議（陣定）の場で、開眼の日時・請僧・行事官とともに、「東大寺開眼供養」会を御斎会に准じることが決定された（同前供養篇）。

本願主の願念に基づく法会勤修の意図を承け、寺院側で法会の内実を定め勤修を担うのが寺家もしくは寺僧であった。まず願念を託された寺家・寺僧が法会の執行責任者となり、目的に相応しい法要の形式・次第を定める。法会の主催者は願念を実現するための様々な条件を整えるわけで、法会の構成と規模に応じて職衆・会場・会日、そして供料や供料所等を定め、また臨時・恒例の勤修に応じ、恒例の法会となれば年中行事に組み込む。多様な由緒と内実をもつ法会が継続的に勤修されたならば、本願主の願念は時間を越えて生き続けることになる。ここに法会勤修を媒介として、寺院・寺僧が世俗社会と格別の関わりをもつなかで、自らを発展的に維持する姿を見ることができる。

　さて寺院において恒例・臨時にわたる法会の勤修は、年中行事や寺誌類にその記事が掲げられており、これらから多様な法会が勤修される実態とともに、寺院・寺僧にとっての法会の存在意義が明かになる。『東大寺要録』巻五の「諸会章」・「諸会章之余」には、平安前期から院政期にわたり、特に「諸会章之余」の「年中節会支度寛平年中日記」には、寛平年中（八八九〜八九八）に年中行事として勤修された諸法会が掲げられる。例えば、「諸会章」二月項には、

　修二月　始自朔日二七日於上院修之、

　八幡宮御八講始自廿日四ヶ日、於御社礼殿修之、諸宗学徒七十人并所司等参会、第三日僧供政所、余三ヶ日結衆勤仕之、

とあるように、「修二月」（修二会）・「八幡宮御八講」の会日・会場・職衆・供料等が記されている。

また「年中節会支度」から、平安前期の東大寺における主要な法会の勤修実態を知ることができるが、平安前期に勤修された諸法会の骨格は中世にも継承されており、これは『東大寺続要録』の「諸会篇」・「仏法篇」の記事からも明らかである。

また興福寺の「興福寺年中行事」（内閣文庫所蔵）や「細々要記抜書」（大日本仏教全書本）や、薬師寺の「黒草子」・「新黒草子」（薬師寺所蔵）等のなかに、南都諸寺における年中行事としての法会勤修を確認することができる。

これらの法会が聖俗両界の接点となることは言うを俟たない。例えば、延徳二年（一四九〇）に禁中において、「卯月しも《（下）》の八日は、国母仙院《（嘉楽門院）》の三廻の聖忌にて、廿六日より五ヶ日の御八講ををこな《（行）》はる」として、土御門天皇母の大炊御門信子の三回忌にあたり、禁中御八講が催され、「南都碩学を催し、北嶺の雄才をめ《（召）》して、厳儀の御願を遂けらるゝ」（「禁中御八講記」）とあるように、南都・北嶺の碩学を招請し追善法会が催された。このように平安院政期より中世を通して、公家《こうけ》をはじめ貴族・武家を願主とした御八講等の諸法会が盛んに勤修されている。本八講では、「西室僧正《（公恵）》けふ《（今日）》の講師にて、高座にのほ《（登）》る、表白の作法等終て、問者光什僧都尊勝院円座にすゝ《（進）》みて、中観論の意、中道をも《（以）》て宗とするかとゝ《（問）》ふ、又三論宗の意、法華の教主は遮那・釈迦の中にはいつれそとうたか《（疑）》ふ、問答刻をうつ《（移）》す」として、三論宗の講師公恵の講説に続いて華厳宗の問者光什との論義が行われ、三論宗の教学的な柱としての「中道」の意義とともに、同宗の主要な論義題とされる「法華教主」をめぐる問答が交わされた。

このように公家・貴族・武家を願主とする諸法会に、南都北嶺の諸宗僧が招請され、三論と華厳、法相と天台、三論と天台等といった、「宗」の枠を越えた論義（問答）が催された。とりわけ平安院政期には、禁中や院御所・洛中六勝寺などで催された御八講等では、四ヶ大乗（天台・法相・華厳・三論宗）の諸宗間で、四ヶ大寺（延暦寺、園城寺、興福寺、東大寺）に属する諸宗僧により問答が行われ、仏法外護による大きな功徳が公家以下の願主にもたらされたわけである。この勅会を頂点におく諸法会の勤修こそ、寺院社会が世俗のなかで存続する重要な条件となったことは納得できよう。

三　南都の法会

中世の南都諸寺において勤修される諸法会の一例として、『東大寺続要録』の「諸会篇」・「仏法篇」を一覧したい。まず「諸会篇」には、大仏殿修正会・華厳会・八幡宮般若会の諸「会」が列記されており、いずれもが平安前期より継修された法会であった。その中で、「華厳会式建暦二年」について以下の記事が見られる。

別当前法務権僧正成宝、為継絶跡興廃会、可有下向之由風聞、長官右大弁宗行朝臣、悦此子細、同可令下向之由、被申送寺務、仍不似例式可被刷歟之由、二月下旬之比、召執行法橋尊信・寺主光信、内々及御評定、且為持成長官、童舞一両及結構、寺家驚此義又喜悦、即大衆蜂起、可被行尋常之由、同及沙汰之所、仙洞最勝講、自三月十四日被始行之間、長官弁依為彼奉行無下向之儀、依之童舞又被止云々、

建暦二年（一二一二）別当成宝は廃絶していた華厳会の復興を図るため、日常的に止住する勧修寺から東大寺へ下向しようとの意向を示し、その風聞を得た造東大寺長官の藤原宗行もまた下向の意を成宝に伝えた。三月十四日に大仏殿を会場として勤修された華厳会の「大会次第」には、四ヶ法要と導師・呪願師による「表白、説経」の前後に、勅楽人による舞楽の奏演も記されている。このように年中行事とされた諸「会」には、勅使が下向し、また「勅楽」をともなう勅「会」から、寺家・院家が催す寺「会」など多岐にわたるが、個々の法会では、願念に基づく中核的な法要の他に、舞楽が付加されることもあり、そこには多彩な構成が見られた。

次いで「仏法篇」には、世親講・東南院問題講・大乗義章卅講・三季講・因明講・新院談義・三論卅講・四聖講・三面僧房法華義疏談義・倶舎十講等の諸「講」が列記されている。この仏法篇に並ぶ諸「講」は、大乗義章卅講を除いていずれも鎌倉時代に創始された法会である。ここで注目すべきは、

平安時代以来の法会が読経・講説や悔過という法要を中核とする法会に対して、鎌倉時代に登場した多くの「講」は、論義・談義という法要を柱とする法会という点である。もちろん平安時代にも八幡宮御八講・方広会・法華会等、竪義などの問答を伴う法会も勤修されたが、多くは華厳会・御斎会・梵網会・般若会等の講説、万花会・千花会・解除会等の読経を柱とする法会であった。

この「講」の内実としては、三季講を例にとるならば、

一三季講始行事
右、去建久七年之冬比、花厳・三論之明匠始行世親講、紹隆倶舎宗、窺願仏法之住持、専在此講之鑽仰者歟、而時屢衰、習学稍疎、就中両宗之法将多以隠去、一寺之恵燈已欲消失、因茲講衆等互歎此事、各相議曰、本講之外、毎迎三季、新修講行、欲継法命、而諸衆皆同心、一会無異議、即相当倶舎論一巻、令定毎季之所談、講問一座、論匠三双可行之云々、講師者、先達之中、守夏臘之次可請之、問者・論匠者、講衆之内、以当座之採可勤之、然間何同研一巻之配文、誰共浮〔学カ〕数帖之論義、寔是興法勧学第一之講肆、稽古知新無双之梵筵者歟、于時貞永元年秋八月廿五日、於尊勝院始行之、

被講法花経第一巻

被談倶舎論第一巻

講師頼覚大法師　　問者運性

として、建久七年（一一九六）花厳・三論両宗の興隆を図るため両宗僧により創始された世親講が、時代とともに衰微するなかで、法命を継承するため、貞永元年（一二三二）世親講衆の合議により、本講の他に「三季」講を創始することになった。一季ごとの「講」では、講師が「法花経」を講説した後、講師と問者との間で問答（講問論義）が交わされ、その後に「倶舎論」の「談」義を踏まえ、「論匠三双」つまり番論義が三双催された。

また宝治三年（一二四九）に創始された新院談義では、

当寺別当法務定親、仁治三年六月之比、始被建立一院家、号之新院、即自宝治三年正月廿二日、於彼院家、撰一宗而崛二十人之学徒、点二季而始七十日之談義、偏歎三論一宗之衰微、令談中・百・十二之論疏、精談窮淵底、料簡涌才智、毎日講問一座、以当所大事為疑問、講問之後、談義之前、以先日披講之所令複読、其間差定複読師・疑問者、々々一々挙疑、講師重々令答、加之諸衆同出不審、満座各散疑滞、仍氷水当恵日而解、朦霧迎覚月而晴、三論之法命依之可継、一宗之智燈為之可挑者歟、

とあるように、仁治三年（一二四二）に別当定親により創建された「新院」（新禅院）において、衰微した三論宗の興隆を図るため、二十人の三論「学徒」を請じ、二季にわたり「七十日之談義」が創始された。この「談義」の内実は、「三論談義式」を併せ見るならば、講師による「三論品釈」（「披講」）について、講師と問者との間で「当所大事」をめぐる二帖の「論義」（問答）が行われる。次いで前日の「披講」の内容が「複読」された後、読師により「三論」の「充文」が読み上げられ、出仕衆が時香盤により時間を定め内容を「料簡」する。その「充文」をめぐる問者の疑問に講師が答えることにより、疑問が解消され教説の理解が深められた。その折りに、「二帖論義幷談義」の内容が「双紙」に筆録され、特に論義・談義のなかで明らかになった「宗大事」が特記され、後の修学に参照されたわけである。

この論義・談義の内容を筆録した「双紙」こそ、「講」の成果として生まれた聖教ということになる。このように論義と談義を組み合わせた「講」が勤修されるなかで、問答を重ね教説の理解を深める修学形態が、東大寺のみならず南都諸寺における寺僧の教学活動として定着することになった。そして問答を軸とする修学形態の広まりを物語るものこそ、諸寺に伝来する聖教の存在である。

四　法会と聖教

法会の勤修を契機として多様な聖教が生まれた。特に論義（問答）法要では、出仕する職衆がその所作の準備として撰述した論義草、出仕する講師・問者・竪者に対して問答の「問題」として提された短尺等、多様な聖教が生まれ伝来した。そして講説・問答・談義等の場で、語られた教説や不審をめぐる問答の内容を記した聖教は聞書とも呼ばれる。東大寺図書館に架蔵される「中論疏聞思記」第一（東大寺図書館所蔵一〇四部一一五号）の首題以下には、

> 中論疏聞思記弘安十年二月十七日、於法金剛院始之、講師中観上人、（真空）
> 　疏第一先講論序、次読本論題目文二行八句頌了、後読疏文、可講之也、
> 中論序者、上二字如序中尺之、序者法花義疏云、序者漸也、○為正説由漸故者、為□□、又序者次也、初明縁起、後弁正理、蓋是義次第、（下略）

とあるように、弘安十年（一二八七）に洛中法金剛院において、木幡観音院の中観上人真空を講師に請じて、「中論疏」の講説が行われた。講説はまず「中論序」を「法花義疏」に依って講じ、次いで

「中論」の「本論題目文二行八句頌」を読み、さらにその「疏文」を読み上げた後に、全体の講説に移るという次第で進められている。

また講師による講説を踏まえ、講師と問者との間で交わされた問答を記載する聖教は、その内容に応じて短尺・問答草・論義抄等と呼ばれた。大永六年（一五二六）英憲により書写された「八幡宮勧学講一問答抄」（同前一一三部一一五号）は、「問」・「答」の内容を類聚した論義抄である。その首目に本講で問答された「判教傍正、真応寿量」以下四十五双の科文が掲げられ、次いで、

> 問、講讃経中、付明説教相、且宗家解尺中、以二蔵三輪判一代諸教見、爾者、倶判教之正意可云耶、
> 答、以二蔵為正意、以三輪可為傍義也、
> 付之、凡二蔵三輪者、倶出経論之誠説、何可有傍正之不同耶、是以宗家処々解尺中、雖挙二蔵三輪之教判、更無判傍正哉、不明、如何、

として、勧学講において提された科文のもとで交わされた「問」・「答」が記される。南北朝時代に創始された「八幡宮問題講」において、三論宗で用いられる「一念成仏」・「二諦為宗」・「三車四車」等の科文を「問題」として問答が交わされ、その問答草がまとめられた本書は、後世まで宗僧による修学の拠り所とされたわけである。

さらに東大寺に伝来する「十二問論抄出」（同前一〇四部一二九号）には、首題の下に双行で、「元応二年八月廿四日、於法園寺聖然大徳講席、聊注師説、引文證」との注記があり、また奥書には、「元応二年九月二十一日、当結日抄出了、談義首尾十九ヶ日、聴衆十一人也、尋恵（花押）三十五」とある。つまり本書は、元応二年（一三二〇）、石清水八幡宮寺の法園寺において、三論宗の碩学である新禅院聖然が、「十二門論疏」の本文を逐次講説し、その「師説」に基づく十九日にわたる「談義」を尋恵が記した「抄出」（聞書）である。首題に次いで、

題号如下自尺、十二門論所尺之論題、疏一字能尺也、巻上数次取所、帰能之時、具今疏題也、疑云、三論疏前後如何、答、此事難決、雖然准諸文、致料簡者、今疏第二、百論疏第三番製、中論疏始也、

十二門論序疏云、大業四年六月廿七日疏、一時講語文、

（中略）

准右文者、中論疏第一番也、次十二門疏、後百論疏也、爾者今疏者第二番所製也為言、

との本文が続く。まず「十二門論疏」の「題号」をめぐる講説について、「疑云」として、「三論疏」つまり「中論」・「百論」・「十二門論」各々の「疏」が成立する前後関係について、その「疑」（問）

と「答」、さらに「文證」に基づく結論が続く。このように「談義」のなかで語られた「師説」・問答・「文證」は、聞書という聖教として記録され、後葉の修学に活用されたことは言うまでもない。

さて「講」において論義と並び勤修された談義は、経論・疏釈の本文を逐次読み上げ、その至要や不審をめぐり問答を交わし了解を深める修学形態である。この談義それ自体、また談義の内容を記した聞書は、特に「打集《だしつ》」とも呼ばれた（同前一一四函一三八号）。「東大寺円照上人行状」巻上に、「西大寺叡尊上人、時於彼寺講菩薩戒宗要等章、照公（円照）就席、大談意致、諸文開講、皆有打集《ダシツ》、立講設問、研覈往復、照公毎至打集、必致一問、名之為法成就、是恒之例者也」とあり、「菩薩戒宗要等章」等をめぐる叡尊の「開講」を踏まえ、叡尊と円照以下の聴衆がその内容について議論を「往復」させる談義こそが「打集」に他ならない。また「百論疏註釈」（同前一〇四函一二三号）には、「元応二年八月十七日書之、終此下巻談義、首尾二十二日、打集衆十余人、（中略）上人（覚禅）既七十二才、漸以老耄、設雖保給八旬之算、当疏談義難有也」との奥書があり、覚禅上人の講説をめぐる「談義」に参加した「十余人」は「打集衆」と称され、この「打集」が寺内で定着していたことが窺われる。談義を「打集」と呼称することは、決して東大寺に限るものではなく、醍醐寺聖教「大日経疏第一打集」（四四六函二〇号）等を始めとして、諸寺の聖教名にもその呼称が散見される。そして経・疏の本文を読み込みながらその理解を深める修学形態として、「打集」が諸寺において重視されていたことを改めて確認しておきたい。

五　むすび

このように東大寺が再建された鎌倉時代以降に、講説・論義・談義（打集）という修字形態が組み合わされた「講」が創始され、教説の理解が深まることにより仏法興隆が図られた。そして「講」に出仕する寺僧は、興福寺維摩会をはじめ洛中で催される勅会に招請され学功を積むことを強く意識し、日常的な教学活動に励んだ。諸寺にとっての仏法の興隆、寺僧にとっての修学成果への評価と、さらに寺僧が属する「宗」の面目、このような様々な要因が、東大寺を始め南都諸寺における教学活動と法会勤修を後押ししたことは確かである。「講」に代表される教学活動の隆盛、それに相応した数多くの聖教の撰述・編述と相承こそが、中世の南都における仏法の継承と発展を雄弁に物語るものであろう。

参考文献
奈良女子大学古代学学術研究センター設立準備室編『儀礼にみる日本の仏教――東大寺・興福寺・薬師寺――』（法藏館、二〇〇一年）

拙稿『中世東大寺の組織と経営』（塙書房、一九八九年）
拙稿『中世寺院史料論』（吉川弘文館、二〇〇〇年）
蓑輪顕量『日本仏教の教理形成——法会における唱導と論義の研究——』（大蔵出版、二〇〇九年）

法相論義と仏道

――「一仏信仰」か「多仏信仰」か――

楠　淳證

楠　淳證（くすのき　じゅんしょう）

一九五六年生まれ。兵庫県出身。龍谷大学文学部仏教学科卒業、龍谷大学大学院文学研究科博士後期課程単位取得満期退学、龍谷大学専任講師、助教授を経て、現在、龍谷大学文学部教授、アジア仏教文化研究センター長。専門は仏教学、特に唯識教学。

主要著書・論文

『日本中世の唯識思想』（共著、永田文昌堂、一九九七年）
『論義の研究』（共著、青史出版、二〇〇〇年）
『儀礼に見る日本の仏教――東大寺・興福寺・薬師寺――』（共著、法藏館、二〇〇一年）
『心要鈔講読』（永田文昌堂、二〇一〇年）
『問答と論争の仏教』（共著、法藏館、二〇一二年）
『暮らしに生かす唯識』（探究社、二〇一三年）
『回峰行と修験道――聖地に受け継がれし伝灯の行――』（龍谷大学アジア仏教文化研究センター文化講演会シリーズ1、編集、法藏館、二〇一六年）
ほか多数。

一　はじめに

興福寺維摩会・宮中御斎会・薬師寺最勝会という三大勅会（三会）が成立すると、僧侶の昇進システムができあがり、それを補足する最勝講・法勝寺御八講・仙洞最勝講という三講も整えられた。そして、その核となったのが「論義」であった。

「論義」は各宗の宗義を決する重要なものであり、法相宗では実に千百有余にもおよぶ論義テーマの研鑽がなされ、その研鑽の成果を学侶たちは、晴れの舞台である三会・三講の講会の場で示したのである。それは単に立身出世のためだけではなく、あるいはまた単に学問のためだけでもなかった。その根幹には、「仏徳讃嘆」「令法久住」「見仏聞法」のための「仏道」が厳然としてあった。このようなあり方は法相宗のみならず他の南都各宗や北嶺の天台宗においても同様であり、論義研鑽による仏道の実践と仏道理論の構築が着実に行なわれていたのである。今回は特に、法相論義のテーマの一つである「一仏繋属」を取り上げ、学侶にとって論義が仏道といかに密接な関係にあったかを明らかにしたいと思う。

なお、今回の論義テーマは「一仏繋属」であるが、理解しやすいように配慮し、タイトルでは「一仏信仰」という言葉に置き換えた。このテーマが今一つの問題性を帯びてくるのは、鎌倉時代初期である。この時代、一仏信仰を説く法然房源空（一一三三～一二一二）が現れ、専修念仏の教えが世間を席巻した。そして、これを批判した『興福寺奏状』を起草したのが他ならぬ法相宗の学侶、解脱房貞慶（一一五五～一二一三）だったのである。法相宗では三祇成仏を説いて「諸仏に歴事」する道を説き、阿弥陀仏の浄土については一阿僧祇劫もの修行の後にようやく現れる無漏智によって、初めて知見することのできる高位の浄土であると解釈していた。そこに、阿弥陀仏の本願力回向によって有漏迷乱の凡愚が一足飛びに往生できる道を示し、弥陀一仏に帰依せよと説く法然浄土教が出現したのである。はたして、一仏帰依（一仏信仰）が正しいのか、多仏帰依（多仏信仰）が正しいのか。この点について、今回は検討したい。

二　論義「一仏繋属」の伝統説

法相宗の重要論典の一つに『仏地経論』があるが、その中に次のように記されている。

また諸経の中、処処に能化所化の相属決定を宣説す。是の故に諸仏の所化は不共なりと。実義の如きは、共も不共もあり。無始の時よりこのかた、種性は法爾にさらに相い繋属す。或いは多の一に属し、或いは一の多に属す。(1)

と。これを見ると、諸経典の中に「仏と衆生（種姓）との相属関係は自ずと確定している（不共）」と説くものもあったようであるが、精査したところ、現存する経典では唯一『大乗本生心地観経』に、

各おの本縁に随いて所属を為す。或いは一菩薩多仏化、或いは多菩薩一仏化なり。(2)

とあるばかりで、なるほど「各々の本縁に随う」とは記されているものの、一菩薩が多仏の化を受ける場合もあれば、多菩薩が一仏の化を受ける場合もあると明確に説かれている。しかし、「本縁に随

う」ことをもって相属決定を主張した者がいたためか、『仏地経論』ではあえて難を立てた上で、「一仏に繫属する者（不共）もいれば多仏に繫属する者（共）もいる」とあらためて論じたといってよい。いわばこれは、一部にある一仏繫属論への偏向修正を意図した記述であったと見てよいであろう。これを受けてか、法相宗の根本論典である玄奘三蔵（六〇二～六六四）訳出の『成唯識論』には、

諸の有情の類は、無始の時よりこのかた、種姓法爾に更に相い繫属せり。或いは多の一に属し、或いは一の多に属する。故に所化の生に共不共あり。爾らざれば、多の仏の久しく世間に住して各おのの事を劬労すとも、実に無益となる。一仏は能く一切の生を益するが故に。(3)

と明記され、一仏繫属のみならず多仏繫属のあることが示されたのである。これを受け、法相宗の開祖と位置づけられる慈恩大師基（六三二～六八二）は、その主著の一つである『大乗法苑義林章』において、

実義は共と不共とあり。成唯識論もまた是の説を作す。所化の共というは、同処同時に、諸仏は各おの変じ、身と為し、土と為す。形状は相似して相い障礙せず。展転して相い雑じり増上縁と為り、所化の生をして自識に変現せ令む。謂く、一土に於いて一仏身ありて、為に神通を現じ法

を説き饒益したもう。不共の者に於いては、唯だ一仏の変のみなり。諸の有情の類は、無始の時よりこのかた、種姓法爾に更に相い繫属せり。或は多の一に属し、或いは一の多に属す。故に所化の生に共と不共とあり。爾らざれば、多の仏の久しく世間に住して各おのの事を劬労すとも、実に無益となる。一仏は能く一切の生を益するが故に。この義は広く仏地等に説くが如し。(4)

といい、『成唯識論』と『仏地経論』を引いて、一仏に繫属する者（不共）も多仏に繫属する者（共）も、いずれも存在するという立場を正理とした。この見解は、慈恩大師基著『説無垢称経疏』においても見られるので、慈恩大師の一貫した見解であったと見てよいであろう。そこで、法相宗第三祖の智周（六七七〜七三三）も『成唯識論演秘』において、

一切如来の所化の有情は共不共と為す。有る義はみな共。（中略）有る義は不共。（中略）実義の如きは共不共有り。若し所化の生、一向に共ならば、何ぞ多仏を須《もと》めん。一仏、能く一切の生を化するが故に。若し所化の生、一向に不共ならば、菩薩は応に弘誓の願を発して多の仏に歴事して大乗を修学すべからず。諸仏は応におのが所化を以て後の仏に付属すべからず。(5)

といい、多仏繫属（共）と一仏繫属（不共）のいずれをも認める立場を説く中、多仏繫属の者がいな

いのであれば、四弘誓願を発して多仏に歴事して大乗を修学する必要がなくなると、仏道論の観点より多仏繫属の者のあることを主張した。したがって、中国では伝統的に「一仏繫属も多仏繫属もあるべきだ」とする共不共の論理が正理として展開されることによって、一仏繫属への偏向修正がはかられたと見てよいであろう。

三　日本での法相論義「一仏繫属」の展開

日本における法相論義「一仏繫属」は、菩提院蔵俊（一一〇四～八〇）撰『菩提院抄』「一仏繫属」、その法孫にあたる解脱房貞慶（一一五五～一二一三）撰『唯識論尋思鈔』（以下『尋思抄』）「一仏繫属」、ならびに貞慶親授の弟子である良算（?～一一七一～一二一七～?）編『成唯識論同学鈔』（以下『同学鈔』）「一仏繫属」の三種のみが確認できる。そこでまず、菩提院蔵俊の「一仏繫属」の見解を見てみることにしたい。

蔵俊は冒頭においてまず、「いま一仏繫属の有無を案ずるに二義あり」とし、一義（前義）について次のように述べている。すなわち、種姓法爾にしてさらに相い繋属す。或いは多の一に属し、或いは一の多に属すと云々。もし一向に共ならば、法爾種姓なきに似たり。故に初師にこの難あり。もし法爾種姓あらば、一仏繋属あるべし。故に正義にこの釈あり。故に知んぬ、五姓法爾差別の宗は、この類あるを許すと。応に是れ正理なるべし。(6)

というもので、『仏地経論』等に「共不共」とある文を例証として一仏繋属の者の存在がすでに認められているとする見解であるが、興味深いことは五姓説（菩薩・独覚・声聞・不定姓・無姓有情）のあり方がその証明に用いられている点である。次いで蔵俊は、もう一義（後義）について紹介する。すなわち、

二十六恒供仏を説く文は、是れ属多の類を説くなり。属一の人にあらざるなり。或いは属多の前には、諸仏の有縁の仏は同処同時に各おの身土を変ず。形状は相似して相い障礙せず。受相は和雑して増上縁と為る。所化の生をして自識に変現せしめ、一土に於いて一の仏身のみありと謂《おも》う。あらゆる諸仏をば皆、釈迦と名づく。ないし皆、慈氏と名づく。その属一の者、この釈迦に於いて所属の一仏を見る。（中略）故に属一に約しても多人をば合して論ずれば、多仏をば汎じては一仏と為すなり。故に釈迦にのみ属せる属一の人、西方に往きて弥陀に向うの時にぞ、ただ弥陀

の中の釈迦を見て、弥陀の弥陀をば見ず。ないし東方に生ずるもまた以てしかなり。その余の一の類も皆、以て是の如し。しかるに、その所化の人には、我れ西方に往きて弥陀仏を見るも、ないし浄瑠璃に生じて薬師仏を見ると謂わしむ。属多の者に一の土に於いて一の仏身ありと謂わしむるが如きなり。[7]

というものであり、諸仏は同時同処に身土を変現して「形状相似」し、互いに増上縁となり、これを衆生が自識の上に変現する時、一仏一土のみを見るように思うので、一仏繋属の主張が生まれる。しかし、実際には多仏の存在することが正理であり、釈迦一仏に属する人は西方に生じても弥陀の中の釈迦を見て弥陀の中の弥陀を見ないだけであるという説を紹介している。ここでは五姓説は用いられず、諸仏の不可思議なはたらきの中で、一仏繋属論を解釈している。そして蔵俊は、「この二義のなか後義を用うべし」と結論づけているのである。したがって、蔵俊は「共不共」を前提にしながら、「多仏繋属の中での一仏繋属」（共中不共）という解釈を示したと考えられるのである。

では、当時の一般学説ではどのように説かれていたのであろうか。これについては、良算が編纂した『同学鈔』に、同世代の代表的論義と考えられるものが収録されているので確認したい。すなわち、

問う。（中略）答う。菩薩に於いて不共の類あるべきなり。およそ宗家の意、無始法爾種姓を立

つるに、種姓不同の故に、智増・悲増、その性もとより別なり。定姓・無姓も、その類と性にて分かる。例えば菩薩に於いて法爾繫属の然らしむるところ、不共の類あるべきなり。心地観経に説かく、「他受用身の能化所化は地に随いて増せり。おのおの本縁に随いて所属を為す。或いは一菩薩多仏化。或いは多菩薩一仏化」なりと。此の文は唯識・仏地の文に見えたり。或いは多属の文もまた唯識・仏地の文に見えたり。或いは多属の一類は定んで他受用の所化に通ずべし。もししからば、菩薩に一仏に属する類あるの旨、経論の誠説に分明なるものか。ただし菩薩の意楽は広大なるが故に、必ず多仏に属すべしという難はしからず。菩薩種姓は利他を先と為すと雖も、智増上の類も法爾としてあり。例えば菩薩の意楽たとい広大なりと雖も、繫属の然らしむるところ一仏に属するの種姓あり。何ぞこれを許さざるや。(8)

といい、一仏繫属の有無をテーマに問答する中で、「種姓の不同」と「各おのの本縁」をもって、菩薩の中にも一仏繫属の者（不共）がいると論じている。蔵俊説とは異なるものといってよい。ところが、収録問答の後に記載された談義の問答（良算が複数人と行なったもの）では、「尋云」として蔵俊の用いた後義が示されている。すなわち、

尋ねて云く、（中略）伝に云く、「論に云く所化共というは同処同時に諸仏は各おの変じて身と為

し土と為す。形状は相似せり。所化の生をして自識に変現せしめ、一土に於いて一仏身ありと謂《おも》う」と云々。これに准ずれば、所化共は二十六恒の諸仏を供養すというは、すなわちまた二十六恒の一仏を供養せり。これを以て知るべし、所化不共とは供養する所の二十六恒の諸仏も、実にはこれ一仏なりと。且らく、釈迦一仏に属する者の西方に往き弥陀に見えるの時、諸仏はおのおの身土を変ずるも形状相似せるが故に、釈迦もまた弥陀身土を変ず。釈迦に属するの人、すなわち弥陀の中の釈迦を見て、実の弥陀を見ざるなり。(9)

と。これによると、蔵俊の示した「同時同処」「形状相似」の論は、法相宗の「伝」の一つであったことが知られる。しかも、蔵俊の用い方とは全く異なり、「二十六恒河沙もの仏がいるのであるから多仏繋属である」とする論を破斥して「実にはこれ一仏なり」といい、「一仏繋属こそが正しい」と論じているのである。したがって、これが本来の「弥陀中釈迦」による一仏繋属論であったと考えられる。これに対する答えとして、ここでは良算の「愚案」が付記されている。すなわち、

諸仏は互いに一身土を変じ、共に一類を化するが故に、形状相似の義あり。此の義辺はすでに成立し畢んぬ。（中略）若し一向不共ならばすでに共の義なし。何ぞ形状相似の義門を許すや。（中略）菩薩は必ず歴事諸仏の行あるが故に、その中、定んで共の類あるべし。(10)

といい、形状相似の義があるというのは「諸仏がそれぞれに一身土を変じ同じ一類を化益している」からであり、かつ「菩薩は諸仏に歴事するから共の類がいる」として、一仏繋属のみならず多仏繋属も認める立場こそが正しいという、伝統説を継承した見解を示しているのである。ところが、興味深いことに良算は、その夾注（割注）において更に、次のようにも記した。

東山の仰せに云く、一仏繋属の菩薩なし。尋思抄の如し。(11)

と。「東山」とは貞慶のことである。これによって、貞慶が徹底して「一仏繋属菩薩」の存在を否定していたことが知られるのである。

四　貞慶による一仏繋属否定の論理と意義

貞慶撰『尋思鈔』は、「通要」と「別要」の二書で構成されている。本書は蔵俊の説を規範として作成しているので、蔵俊説を「本云」、貞慶の自説を「末云」で示している。近年、東大寺で発見した『尋思通要』の「一仏繋属」もまた、蔵俊説を「本云」として記載した上で、次のように述べている。

末に云く、菩薩には一仏繋属なきか。ただし、繫属の義はさらに別門あり。別に記すが如し。[12]

と。祖父師である蔵俊の共中不共説（多仏繋属の中の一仏繋属）を否定的にとらえ、自身の説を「別記」にゆだねているのである。その「別記」が『尋思別要』であった。そこには、次のように記されている。すなわち、

末に云く、菩薩の中には此の類（一仏繋属の類）なし。問う。根性は万差なり。何ぞ此の類を遮せんや。（中略）答う。法爾の種姓は五乗を本と為す。五姓の中、菩薩および不定姓は、法爾として多仏に属すべきの類なり。（中略）菩薩種姓の中、誰人か無数の仏土に詣《いた》らざるや、無尽の法門を受くこと無からん。（中略）故に必ず多仏に繋属すべし。[13]

といい、「菩薩は多仏に繋属する」と明言しているのである。このあり方は蔵俊説や『同学鈔』収録の諸説とも大きく異なるものであり、菩薩定姓（頓悟の菩薩）と不定姓の中の菩薩（漸悟菩薩）について貞慶は、「必ず多仏に繋属すべきである」と言い切っているのである。その理論について、貞慶は更に次のように述べる。

諸の有情の中に、繋属の多・少、所化の共不共あり。その中に、共の辺は三乗に亘り、不共の辺は二乗を談ず。何の過あらん。何に況んや繋属において多重あり。観音大士は最初発心より別願ありて、弥陀に繋属する等なり。無諍念王の発心の時、太子も同じく発心す。寶蔵仏、記を太子に授くるに、「大王成仏の時、汝は補処となりて、次にまさに成仏すべし」と云々。すなわち、弥陀如来と正法明如来、その因縁なり。また、釈尊の多くの弟子の中、阿難尊者は世々に必ず侍者たり。かくの如き繋属は一仏にありと雖も過なし。(中略)各おの本縁に随いてとは、弥陀観音父子の本縁等なり。(14)

といい、「不共(一仏繋属)を二乗、共(多仏繋属)を菩薩」とし、「本縁」については特別な因縁のみに限られるとしたのである。これは、今までにない画期的な見解である。しかも、伝統説に背くものでもなく、あくまでも論疏の記述にもとづきながら「仏道を歩む菩薩は多仏繋属である」ことを正理として示しているのである。単なる一仏繋属偏向論の是正に終らず、「菩薩においては一仏繋属なし」と完全否定に向かったのが貞慶の多仏繋属論であったといってよい。これは先に示した智周の『成唯識論演秘』にも出る「菩薩は弘誓の願を発して多の仏に歴事して大乗を修学する」という四弘誓願(衆生無辺誓願度・煩悩無数誓願断・法門無尽誓願学・仏道無上誓願成)完遂の仏道論を背景として展開したものであったと見てよいであろう。その思いは貞慶撰『弥勒講式』において、宿世の機縁に依り、すでに上生を遂ぐ。見仏聞法、すべからく勝位に進むべし。（中略）賢劫星宿、諸仏に歴仕し、住・行・向・地と漸次増進し、遂に花王の宝座に昇り、宜しく大覚の尊号を受くべし。(15)

という言葉となって現れる。十住・十行・十回向・十地という菩薩の階位を歩む仏道実践の行者（菩薩）は、浄土に往生して見仏聞法し、三阿僧祇劫にわたって諸仏に歴仕（歴事）し、智慧と慈悲とを実践して仏陀となる。この仏道論にこそ、諸仏の浄土を願生する浄土信仰の本質があったといってよいのである。

では、諸仏の浄土とはどのようなものであろうか。これについて慈恩大師は、『大乗法苑義林章』の中で『梵網経』を引用しながら、多重の浄土のあることを示している。(16) これを受けて貞慶も『法相宗初心略要』の中で、

他受用身に十重有り。初菩薩の為に現ずる所は百葉臺上。第二地菩薩の為に現ずる所は千葉臺上なり。乃至、第十地菩薩の為に現ずる所は不可説不可説葉臺上なり。（中略）変化身土は或いは浄土、或いは穢土なり。其の浄土に於いて略して二重有り。加行位の為に現ずる所は三千大千世界を量と為す。此れ則ち他受用浄土の蓮花の一葉量に当たる。資糧位の為に現ずる所は一四天下

を以て量と為す。是れ則ち加行土の百億分の一分に当たる。(17)

といい、菩提心を発した菩薩（資糧位菩薩＝三十心位）のために諸仏は資糧位所見の浄土を示現するという。その国土量は「一の四天下」である。具体的には、一の須弥山を中心として四海・四大州を擁する一小化身（応身）の教化する一小世界である。この世界で浄業を実践する菩薩は小化身の大慈悲力によって浄土（変化浄土）を知見する。第十回向の満位に至った菩薩は知見が広がり、大化身の大慈悲力によって一小世界が百億も集まった三千大千世界（一葉世界＝大化身の世界）を知見するに至る。さらに初地の位に登った菩薩には無漏智が現れるので、報身仏の大慈悲力によって、百葉世界と蓮華臺上の報身仏を知見する。以下、第二地では千葉世界、ないし第十地では不可説葉世界と蓮華臺上の報身仏を知見するに至る。これに関連する論義テーマが「葉則三千」であるが、これらの論理がまた思想基盤となって、「菩薩は必ず多仏に繫属すべきである」という仏道論が形成されていくのである。

もっとも、貞慶の多仏繫属（多仏帰依・多仏信仰）論は、あくまでも三阿僧祇劫にわたる仏道の総体で論じられるものであり、存命中は釈迦・弥陀・弥勒・観音の四尊の浄土への往生を順々にしか望んでいなかった。それは、「最初発心より十回向位までの間（資糧位）は一の四天下しか知見しえない」という論理が別に、厳然としてあったからである。これについて貞慶撰『観世音菩薩感應抄』に

は、次のように記されている。すなわち、

凡そ因果の道に、大小の相あり。浅より深に至るの大旨に方便に順ずるあり。（中略）菩薩位を得て諸の仏身を見るに、初めは小化身を見、次に大化身、後に臺上の舎那なり。其の報仏身に云く、また十重ありと。これを以てこれを案ずるに、菩薩に値遇することは尚、仏身より易し。（中略）爰に臨終の時を以て、弥陀降臨して聖衆囲繞すること、感得はなはだ難し。観音一身の沙門の行相は、彼に対して以て易し。(18)

とあるように、多仏繫属を本義として浅より深に至る浄土往生の理論を展開し、まずは浅なる観音の補陀落浄土への往生のみを願ったのであった。したがって、貞慶の浄土信仰の根幹には明らかに仏道があるのであり、仏道を完遂する理論として「論義」の研鑽がなされていたことが知られるのである。その論義研鑽もまた、仏道そのものであったといってよい。

五　むすび——「一仏信仰」と「多仏信仰」

貞慶は、三阿僧祇劫にわたる智慧と慈悲の実践を説く唯識仏教の学侶として、「菩薩は必ず多仏に繋属しなければならない」という仏道理論の一つを明確にした。しかし、それは同時に弥陀一仏のみへの帰依（一仏繫属）を説く法然浄土教に対する批判でもあった。

当時、法然は「弥陀一仏のみを頼めば浄土に往生できる」と説いた。まさしく一仏繫属である。この点について法然は、『黒谷上人語灯録』において前掲の『成唯識論』の文をあげ、「諸仏の誠証による弥陀一仏帰依」を鮮明に示している。(19) しかし、法然の学説を悪しく取る者の中に、諸仏・余行を謗る者が現れた。そこで貞慶は、元久二年（一二〇五）に八宗を代表して『興福寺奏状』を起草し、九箇条の過失をあげて、法然浄土教を教学的観点より批判したのである。

しかし、その内容を吟味・整理してみると、(1)凡入報土、(2)魔界法滅、(3)一仏繫属の三つの批判に集約することができる。(1)は弥陀の本願のはたらきによって凡愚が一足飛びに三界（輪廻界）を超え出でた弥陀浄土（報土）に往生することができるとする法然の教説を批判したもの、(2)は八宗を覆滅する法然の教えを「魔界・魔風」として批判したもの、(3)は阿弥陀仏一仏のみへの帰依を説く法然の教説を批判するものである。これらはいずれも本願解釈の相違にもとづくものであるが、なかでも(3)の一仏繫属は(1)(2)に波及する、より根幹的な問題であった。ところが、法相宗では「共不共の論理」により一仏繫属（一仏信仰）も多仏繫属（多仏信仰）もいずれも許す立場にあった。そこで、貞慶は「二乗は一仏繫属（不共）、菩薩は多仏繫属（共）」という画期的な見解を案出し、「菩薩における一仏繋属」を徹底して否定することで仏道論の大系を整えると共に、法然浄土教への批判を理論化したと考えられるのである。

今回は論義「一仏繋属」のみを取り上げたが、これに関連する論義テーマとして「安養報化」「変化長時浄土」「三身成道」「葉則三千」「見者居穢土」「摂在一刹那」「命終心事」等があり、唯識行者の信仰（＝仏道）形成において、論義が大きな役割をはたしていたことが確認できる。まさしく論義（教学）は、仏道理論構築になくてはならない大きな意義を有していたといってよいであろう。

註

（1）『大正新脩大蔵経』（以下『大正経』）二六・三二七頁上。筆者訓読。左記に原文掲載。以下、同じ。
又諸経中、処処宣説能化所化相属決定。是故諸仏所化不共。如実義者、有共不共。無始時来、種性法爾更相繋属。或多属一、或一属多。

（2）『大正蔵』三・三〇五頁中。
各随本縁為所属。或一菩薩多仏化、或多菩薩一仏化。

（3）『大正蔵』三一・五八頁下。
諸有情類、無始時来、種性法爾更相繋属。或多属一、或一属多故、所化生有共不共。不爾、多仏久住世間各事劬労、実為無益。一仏能益一切生故。

（4）『大正蔵』四五・三六九頁上。

実義者有共不共。成唯識論亦作是説。所化共者、同処同時、諸仏各変、為身為土。形状相似不相障礙。展転相雑為増上縁、令所化生自識変現。謂於一土有一仏身、為現神通説法饒益。於不共者、唯一仏変。諸有情類、無始時来、種姓法爾更相繫属。或多属一、或一属多。故所化生有共不共。不爾、多仏久住世間各事劬労、実為無益。一仏能益一切生故。此義広如仏地等説。

（5）『大正蔵』四三・九七八頁上。

一切如来所化有情為共不共。有義皆共。（中略）有義不共。（中略）如実義者有共不共。若所化生、一向共者、何須多仏。一仏、能化一切生故。若所化生、一向不共、菩薩不応発弘誓願歴事多仏修学大乗。諸仏不応以己所化付属後仏。

（6）東大寺図書館所蔵（未翻刻）。

種姓法爾更相繫属。或多属一、或一属多、云云。若一向共者、似無法爾種姓。故初師有此難。若有ラハ法爾ノ種姓、可有一仏繫属。故正義有此ノ釈。故知、五姓法爾差別之宗、許有此類。応是レ正理。

（7）東大寺図書館所蔵（未翻刻）。

説二十六恒供仏之文ハ、是説属多ノ之類也。非属一之人也。或属多之前、諸有縁仏同処同時各反身土。形状相似不相障礙。受相和雑シテ爲増上縁ト。令所化ノ生ヲシテ自識ニ変現、謂於一土有ト一ノ仏身ノミ。所有諸仏皆名釈迦。乃至皆名慈氏。其属一ノ者、於此釈迦見所属ノ一仏。（中略）故約テモ属一ニ多人合論スレハ、多仏汎シテハ為一仏也。故属セル釈迦ニノミ属一之人、往西方ニ向弥陀ニ時ニメ、但見弥陀中ノ釈迦、不見弥陀ノ弥陀ヲハ。乃至生モ東方亦以尓。其余一ノ類モ、皆、以如是。而其ノ所化ノ人ニハ、令謂我往テ西方ニ見モ弥陀仏、乃至生テ浄瑠璃ニ見ルト薬師仏ヲ。如属多者ニ令謂於一ノ土有ト一ノ仏身也。

（8）『大正蔵』六六・五九三頁上〜中。

問。（中略）答。於菩薩可有不共類也。凡宗家意、立無始法爾種姓、種姓不同故、智増悲増、其性元別。定姓無姓其類性分。例於菩薩法爾繫属使然、可有不共類也。心地観経説、他受用身能化所化随地増。各随本縁為所属。或一菩薩多仏化。或多菩薩一仏化。以此文見唯識仏地文。或多属一類定可通他受用所化。若爾、菩薩有属一仏類之旨、経論誠説分明者歟。但菩薩意楽広大故、必可属多仏云難不爾。菩薩種姓利他雖為先、智増上類法爾而有。例菩薩意楽縦雖広大、繫属令然属一仏之種姓。何不許之哉。

（9）『大正蔵』六六・五九三頁中。

尋云。（中略）伝云、論云所化共者、同処同時諸仏各変為身為土。形状相似。令所化生自識変現、謂於一土有一仏身云云。准之、所化共者供養二十六恒諸仏、即又供養二十六恒一仏。以之可知。所化不共者所供養二十六恒諸仏、実是一仏也。且属釈迦一仏者、往西方見弥陀之時、諸仏各変身土形状相似故、釈迦亦変弥陀身土。属釈迦人、即見弥陀中釈迦、不見実弥陀也。

（10）『大正蔵』六六・五九三頁中～下。

諸仏互変一身土。共化一類。故、有形状相似義。此義辺既成立畢。（中略）若一向不共者既無共義。何許形状相似義門。（中略）菩薩必有歴事諸仏行故、其中定可有共類。

（11）『大正蔵』六六・五九三頁下。

東山仰云、無一仏繫属菩薩。如尋思抄。

（12）東大寺図書館蔵（未翻刻）。

末云、菩薩無一仏繫属歟。但繫属義更有別門。如別記。

（13）大谷大学図書館蔵（未翻刻）。

末云、菩薩ノ中ニハ無此類。問。根性万差也。何ソ遮セン此類。（中略）答。法尓種姓五乗ヲ為スト本ト。五姓ノ中ニ菩薩及不定姓ハ、法尓トシテ可属多仏之類也。（中略）菩薩種姓中、誰ケ人カ不詣無数仏土ニ、

無ラム受コト無尽ノ法門ヲ。（中略）故必可繫属ス

(14) 大谷大学図書館蔵（未翻刻）。

諸ノ有情ノ中ニ、繫属ノ多少、所化ノ共不共アリ。其ノ中ニ、共ノ辺ハ亘ワタリ三乗ニ、不共ノ辺ハ談ス二乗ヲ。有何ノ過。何況於テ繫属有リ多重。観音大士自リ最初ノ発心有テ別願、繫属弥陀ニ等也。無諍念王発心ノ時、太子同ク発心、宝蔵仏授記ヲ太子ニ、大王成仏ノ時汝為補処、次ニ当ヘシ成仏。云々。即弥陀如来正法明如来、其ノ因縁也。又釈尊ノ多ノ弟子ノ中ニ、阿難尊者ハ世々ニ必ス為タリ侍者。如此繫属雖トモ在リト一仏ニ無過。（中略）各随テ本縁ニ、弥陀観音父子ノ本縁等也。

(15)『大正蔵』八四・八八九頁中〜下。

依宿世機縁、既遂上生。見仏聞法、須進勝位。（中略）賢劫星宿、歴仕諸仏、住行向地漸次増進、遂昇花王之宝座、宜受大覚之尊号。

(16)『大正蔵』四五・三七二頁上。

(17)『日本大蔵経』六三・三八五頁下。

他受用身有十重。為初菩薩所現百葉臺上。為第二地菩薩所現千葉臺上也。乃至、為第十地菩薩所現不可説不可説葉臺上也。（中略）変化身土或浄土或穢土也。於其浄土略有二重。為加行位所現三千大千世界為量。此則当他受用浄土蓮花一葉量。為資糧位所現以一四天下為量。是則当加行土百億分一分。

(18)『南都仏教』九二号二三頁（新倉和文翻刻）

凡因果之道、大小之相。自浅至深大旨、有順方便。（中略）得菩薩位見諸仏身、初見小化身、次大化身、後*臺上舎那。其報仏身云、又有十重。以之案之、値遇菩薩尚易仏身。（中略）爰以臨終之時、弥陀降臨聖衆囲繞、感得甚難。観音一身沙門行相、対彼以易。（＊一字変更：彼→後）

(19)『大正蔵』八三・一一九頁下。

薬師寺の法会

慈《じ》恩《おん》会《ね》

慈恩会は法相宗《ほっそうしゅう》の宗祖である慈恩大師（六三二〜六八二）の遺徳を偲び、命日にあたる十一月十三日の夜間に勤修されます。法相宗の学侶が一堂に会し宗義を論じ合う論義法要で、平安時代から続くとされ、現在は法相宗大本山である興福寺と薬師寺が隔年で会場《えじょう》を設けます。

法要では四箇法要（声明《しょうみょう》）で会場を浄めた後、講師が法要の趣旨を伝える表白《ひょうびゃく》を述べ、講問論義《こうもんろんぎ》・番論義《ばんろんぎ》と続きます。

法相宗は『成唯識論《じょうゆいしきろん》』を根本論典とする「論宗」です。「経」や「律」は「仏の言葉」であるため教義の改変や発展は困難ですが、僧侶により著された「論典」を所依とする法相宗では、論義により教義を発展させることこそが宗義と言っても過言ではありません。

慈恩会の中では法相宗の僧侶の登龍門とされる試験「竪義《りゅうぎ》」が執行されます。入山十七年を過ぎ競望《けもう》（立候補）が認められた僧侶が、二十一日間の前加行《ぜんけぎょう》を経て慈恩会での論義試験に臨むのです。現代では論義を暗記する形式にはなりましたが、二時間近い論義の暗記は並大抵のものではありません。無事に満行できなければ寺外へ追放される厳しい掟が現代にまで残っていることが「論宗」の立場を厳格に表しています。

解説＝加藤大覺（薬師寺）
写真提供＝薬師寺

第Ⅱ部

法会の空間

ニールス・グュルベルク

法会と講式

——南都・北嶺の講式を中心として——

ニールス・グュルベルク（Niels Guelberg）

ドイツ、ミュンヘン出身。ミュンヘン大学卒業（主専攻科目は日本学、副専攻科目はドイツ語ドイツ文学、西洋哲学）。文部省の奨学生として東京大学文学部に留学。ミュンヘン大学で文学博士学位、教授資格（日本学）取得。現在、早稲田大学法学部教授。

主要著書・論文

Zur Typologie der mittelalterlichen japanischen Lehrdichtungen - Vorüberlegungen anhand des "Kohon setsuwashû", Stuttgart (Franz Steiner Vlg.) 1991.

Buddhistische Zeremoniale (kôshiki) und ihre Bedeutung für die Literatur des japanischen Mittelalters, Stuttgart (Franz Steiner Vlg.) 1999.

講式研究会編『貞慶講式集』（山喜房仏書林、二〇〇〇年）

ほか多数。

一　はじめに

題名として掲げた「法会と講式」のうち、「法会」については、本書の第Ⅰ部で説明されていると思われるので、「講式」という言葉について説明することから、話を始めたい。

「講式」という言葉は、他分野の人には、「講義」の「講」に「儀式」の「式」と書くと、先ずその文字から説明を始めることが多い。もしこの言葉の意味も、文字の説明通りであれば、「儀式化された講義」というような意味になる。物事の意味や内容を分かりやすく解き明かすのが講義であるという辞書の意味に従うなら、確かに多くの講式が、その儀式の中心となる本尊を分かりやすく解き明かしている。最近では海外の研究者達が、日本仏教の特徴の解明のために講式に注目し始めているのも、その為である。実際、後で一つの具体例を紹介するように、「儀式化された講義」という意味にぴったりの講式もある。
しかしながら、そのような講式は、あくまでも講式が多様化した時代の一つの事例に過ぎず、講式を「儀式化された講義」と定義してしまうと、本来関わりの深い法会との関係が見失われてしまう恐れがある。講式とは何かということは、講式の原点に戻って考えてみる必要がある。

二　講式の原点――横川首楞嚴院二十五三昧式

日本における講式の原点といえば、横川首楞嚴院二十五三昧式になる。これを精しく見ると、「講式」は本来、「講」という人間組織のしきたりを意味していることが分かる。横川首楞嚴院二十五三昧式は、源信が『往生要集』を完成させた翌年、彼の二十五人の弟子達が比叡山横川にあった首楞嚴院に集まり、師の教えを実現しようという目的で一つの結社を作って、修業として行なったものである。「二十五三昧」は、『涅槃經』梵行品にもとづいて説かれている行法である。(1)

この講式について詳しく話し出すと、いくら時間があっても足りないほどなので、今回は、「講」、「講会」、「講式」という三つの基本概念について説明することを通して、この講式の紹介も行ないたい。実は、この三つの概念は混同されて用いられていることも多く、その意味でも、これらを定義しておく必要がある。

三　三つの基本概念——講、講会、講式

「講」というのは、本来共通の（宗教的な）目的のために集まった同心の組織を指す。この「講」は、構成メンバーや開催地が固定されていることが特徴ではあるが、時間的には、構成メンバーの意思が変わらないかぎり制限がない。「講」として最も古いものが、源信の弟子達のもので、正式には「横川首楞嚴院二十五三昧講」と呼ばれるべきである。この「横川首楞嚴院二十五三昧講」に関しては、他の講には稀なほど大量の史料が残っており、その中に長和二年（一〇一三）の『楞嚴院二十五三昧過去帳』もあって、この最初の「講」が三十年以上続いていたことがわかる。

「講」の目的や構成メンバーの義務と権利に関しては、当事者以外には知らされないのが一般的であるが、「横川首楞嚴院二十五三昧講」に関しては、その明確な目的や決まりがわかる資料が残されている。構成メンバーは源信の弟子達であるから、当然師匠の教えに沿った内容となっている。源信の浄土教では臨終正念こそ肝心とされていたわけだが、当事者一人の力だけでは心もとないから、周

囲がそれを助けようとする。つまり、共通の目標である臨終往生を遂げるためには、平素からの強いつながりが必要となり、この結束意識が「講」という形に組織化されていったと考えられるし、この強い結束意識があったからこそ、当時の一般の社会では穢れとして忌避されていたターミナル・ケアや死体の処理に関しても、全員が当番制で受け持ったのである。

この「横川首楞嚴院二十五三昧講」の規約ともいえる様々な決まりは、「起請」という一種の契約書のようなものにまとめられている。最初は儒学者慶滋保胤によって所謂『八箇條起請』（寛和二年〈九八六〉九月十五日撰）が編集され、二年後には源信自身の手によって、『十二箇條起請』（永延二年六月十五日撰）に改編増補されている。[2] また、それらに先立って、『根本結衆二十五人連署發願文』（寛和二年五月廿三日）が設立メンバーによって出されているため、一部のメンバーの生没年は不明ながら、構成員もほぼ全員わかっている。最も若いメンバーは西暦九六三年生まれの二十四歳で、最も年配の構成員が六十八歳であった。講が行なわれた最初の年からターミナル・ケアを必要とするケースが実際にあったのみならず、次の九八七年、九八八年の二年間には、想定外の最年少の二人のメンバーも亡くなっている。講の規約は、ターミナル・ケア用の施設「往生院」の設立と運営、メンバー臨終時の他のメンバー全員の役割分担、墓地、死後の追善供養や過去帳の作成等々についても、細かく定めている。のみならず、この規約の中には、死んだメンバーが他の生きているメンバーに、死後自分が地獄に堕ちたか、または往生を遂げたかを夢で告げる、そういう決まりまであった。そして、

実際にこの約束をきちんと守ったメンバーが多かったことが、現存する過去帳の記録からわかっている。(3)

次に「講会」という概念の説明に移りたい。多くの「講」は、目的の再確認やメンバーの結束強化のために、定期的（毎月、半年ごと、毎年など）に会合を開き、法会のような儀式を行なう。この集まりを「講会」という。外見的には普通の法会と殆ど違いがないが、基本的に参加者全員、つまり儀式を取り仕切る側と聴衆の側の両方ともその「講」のメンバーであり、その講会の儀式も「講」の目的に合わせて行なわれるところが、法会と異なる。

源信の弟子達が毎月の阿弥陀如来の縁日である十五日に集まったのが、講会の最初の例である。この集まりは、『連署發願文』が書かれた次の月だったことも、史料から推定される。

阿弥陀如来の縁日に行なわれるべき儀式については、講の契約書である『八箇條起請』と『十二箇條起請』とでは、それぞれの文書の冒頭で少々異なる指示が出されている。

『八箇條起請』の方では、儀式は先ず比較的短い『阿彌陀經』の読経から始まる。六道に苦しむ衆生を救うために、六道それぞれに対して『阿彌陀經』一巻を読み終わったあと、回り歩きながら念仏を百回唱える。念仏が終わった後で、「迴向《えこう》」の文を読み上げて、本尊への帰依を意味する「南無伽陀」で締めくくる。それを六回繰り返した後、つまり六回目の最後に、五つの「南無伽陀」、二種類の声明曲（「三禮」「錫杖」）、結願と「依此諸功德、願於命終時、得見彌陀佛（……）」の伽陀で終了する。この儀式は夕方始まり、夜通し行なわれて朝方まで続けられたようである。(4)

他方、『十二箇條起請』では、儀式の前に午後から学問の場を開き、他所から講師を招いて、『法華經』の経釈を行なうことが新たに定められている。経釈の後は、『十二箇條起請』の文章を再確認のために読み上げることも義務付けられるようになった。また、儀式の開催時間を指定するなど、より具体的な指示も出されている。『阿彌陀經』の読経の量も倍に増えて、十二巻を読むようになり、それに伴って念仏の回数も増えている。(5)経釈も含めて、儀式は午後一時から翌朝の七時頃まで続き、『八箇條起請』の場合より五、六時間ほど長くなっている。

三つの概念の最後として、では「講式」とは何かといえば、「講式」とは、講会の際に行なわれる儀式の流れを書き留めたものを指す。この書き留めたものは、主に三種類の文章によって構成されている。（イ）「禮盤に登れ」などのように、当事者に具体的な動きを指示する文。（ロ）「南無伽陀」や漢訳経典から採った漢文の「伽陀」。（ハ）この講会のために作成された表白体の文章。多くの研究者からは、この（ハ）の表白体の文章だけでも「講式」と呼ばれているが、私は、この（ハ）だけを呼ぶ場合は、「式文《しきもん》」という言い方の方が適切だと考えている。宗派の中には、「表白」と呼んでいる宗派もある。

「横川首楞嚴院二十五三昧講会」の場合、（イ）の指示に相当する部分が、『八箇條起請』と『十二箇條起請』それぞれの第一条に記載されている。（ロ）の伽陀は、『八箇條起請』のみに記載されているが、伽陀については『八箇條起請』が『十二箇條起請』の前提であることは恐らく自明であったための省略と考えられる。（ハ）の表白体の文章の記載はないが、儀式の中に「迴向之後」とか「可唱迴向」とあるその「迴向」が、それに当たると思われる。この講会に関して、当時の写本は残っていないけれども、（ハ）の表白体の文章を最も古い形で伝える、二百三十年後の金剛三昧院本には、「次に別の導師は禮盤につき、六道の迴向文を讀む」という指示が見られる。[6] この表白体の文章の内容は、『往生要集』の六道の描写と重なっているので、源信の弟子達であれば、記載しておかなくても、暗記している文言を即座に唱えたであろうと考えられる。

四　講式の歴史的展開

初期の頃については、実際に行なわれた講式に関する史料が乏しく、[7] 詳細が分からないものも多いが、少なくとも言えるのは、後の時代になっても重要視された要素は既にあったということである。すなわち、（イ）講式は本来、講という組織が行なう法会の一部であった。（ロ）初期の講のメンバーは、何よりも本尊への帰依を表す「南無伽陀」を大切にしていた。（八）表白体の文章は、その法会という善行によって得られた功徳を、参加できなかったものにも廻向する役割を担っていた。ただ、初期の講会に見られる厳格な参加者数制限には問題があったようで、後の時代の講式では、参加者数をそこまで厳格に制限はしなくなる。

最初の講のほぼ九十年後の一〇七九年頃に、講式が大きく発展するできごとがあった。当時の南都学の代表者の一人であった東大寺三論宗の永観律師（一〇三三～一一一一）が、『三時念佛觀門式』と『往生講式』という二種類の講式を書いたのである。『三時念佛觀門式』は、その第二段で源信の『二十五三昧式』を省略しつつもほぼ全体的に（教義上六道を認めないから、阿修羅道を除く五道としている）取り上げているという点で、源信作の影響を示す初例でもある。永観の『往生講式』は、後の講式作者が手本とするものとなった。[8]

永観は、この両作品において、これより後の講式には欠かせないものとなった次のような要素を新たに加えている。

（1）講式の冒頭に、敢えて「表白」と称される導入文を付け加えている。このことによって、「式文」全体に対しては「表白」という名称が使えなくなり、「表白」がその導入文だけを指すことになった。

(2) 導入文は、本尊または三宝一般に直接呼びかける文で始まり、この「呼びかけ」は、必ず「つつしみうやまつて(……)にまうしてまうさく」、または「うやまつて(……)にまうしてまうさく」という決まった形式で行なわれる。

(3) 導入文の終わりに、内容一覧のような、各段の冒頭の部分が並べられる。

(4) 「式文」の本文は、段に分けられ、それぞれの段に番号(第一に、第二に等々)が付けられる。

(5) 各段の終わりで、伽陀を唱える前に、全員に対して、共同礼拝への参加を呼びかける。「(……)彌陀を禮拜すべし」というような言葉で繰り返される。

(6) 永観の場合、「南無伽陀」を、必ず漢訳経典から採った漢文の「伽陀」とセットにしている。

(7) 「式文」の最後の段は、「廻向段」となる。

永観の講式は当時の流行にもなり、十二世紀後半には永観の講式から採られた文句が和歌の題材にもなったばかりか、当時のはやり歌である「今様」や説話にも引用されているほどである。また、鎌倉初期のものと考えられる、ひらがな本『往生講式』の写本も複数残っており、その頃には女性用の読み物にもなっていたことを物語っている。

更に、永観の時代から、雅楽の楽器の演奏で講式を行なう、所謂「管絃講」の習慣が始まり、『順次往生講式』（一一一四年成立）のように、伽陀を部分的に世俗的な催馬楽《さいばら》や舞楽の替え歌にし、歌いながら舞うというパフォーマンスまで行なわれるようになった。こういう音楽的な要素は、最初は伽陀の部分に限られていたが、十三世紀以降になると、徐々に「式文」の本文も声明《しようみよう》の曲として唱えるようになり、若い僧侶がその教育課程で身に付けるべき必須科目の一つにもなった(9)。

永観の時代に始まった形式化と音楽化の過程で、講式の位置づけも変わることになった。唐招提寺の釈迦念仏会における解脱房貞慶作『誓願舎利講式』のように、依然として法会の廻向文の役割を果たしているものもまだあったが、講式そのものが単独に儀式として行なわれる場合が多くなった。

五　源信作の鎌倉期における継承——慈鎮和尚慈円

慈円（一一五五〜一二二五）は二十五三昧会を度々行ない、遺言書でも、死後の追善供養として二十五三昧会を実施するように、弟子達に言い遺している(10)。しかも、自らも講式を書いて、天台座主を勤めた時期に大規模な講を考案し、実現させた。

この講が所謂「天台勸學講」である。天台勸學講は、初期の二十五三昧会の要素と、源信の『十二箇條起請』で提案された学問の場との両要素を取り入れることによって、両者の連携を再現するものとなっている。鎌倉初期の講会としては珍しく定員数（百人）も設けて、この定員数を確保するために、初代将軍頼朝が越前の藤島荘の年貢から毎年一千石を寄進したこともわかっている。

天台勧學講は、若い僧侶に、当時の学問の基本であった問答講形式を練習させる場であり、毎年一回七日間の講会が開かれた。「先達」とよばれる、既に竪者《りっしゃ》を勤めた経験の持ち主四十人が指導にあたり、毎年新たに能力で選抜された六十人（「講衆」）が十人ずつのグループに分けられて、最初の六日間を一日ずつそれぞれのグループが担当した。各グループは、その中から講師一人と、教義に対して質問する問者五人を選び、残りの四人で、講師や問者のやり取りを評価する審判を担当した。当番の日には、一日おきに交替する二十人の先達が見守る中、維摩経や涅槃経の注釈書、天台智顗や最澄の著書、あるいは『大智度論』や『成實論』といった、インド仏教伝来の教学書について学んだ。最後の日には密教僧を招き、曼荼羅供をさせて、それを講会の締めくくりとした。

天台勧學講の主な目的はいうまでもなく学問の向上にあったが、慈円にとっては、派閥争いに明け暮れした僧侶達を、従来の寺院組織とは別の組織に統合する狙いがあったようである。参加者の身分を問わず、あくまでも能力で選ぶといいながら、百人の配分が、当時の山内の力関係を反映していることから、このように考えられる。

東塔　　先達十八人　講衆二十八人。

無動寺　先達二人　　講衆二人。
西塔　先達十二人　講衆十八人。
横川　　先達七人　　講衆十二人。(11)

この天台勧學講に関する史料の中に講式の使用が明記されたものはないが、慈円自らが書いた『慈恵大師講式』の第三（廻向）段で、天台勧學講が末永く「龍花の三會」まで続くことを願っているので、この『慈恵大師講式』を講会の廻向として講会の最後に使用した可能性がある。(12)

慈円のように、講会の人間組織である「講」に着目して、それを寺院の運営に活かす取り組みは後の時代にも時々見られる。

六　南都の代表者――解脱房貞慶と講式

当時の仏教学の最高峰ともいえる解脱房貞慶（一一五五～一二一三）は、講式の作者としても名高い。貞慶が建久二年二月二十一日に法華八講の結座の講師を勤めた折りのことを、関白九条兼実が日記『玉葉』に書いており、「説法珍重なれども、ただその音《こえ》少なきこと恨むべし」と評している。(13)貞慶が講式の作成に特に力を入れたのは、講式であれば、読み上げるのは他の人でもかまわないわけだから、やむを得ない事情で声が小さい不都合を補う意味もあったかもしれない。大乗仏教では、学問の道で得た成果は、それを独占しないで、みなを悟りや救いに導くために使われるべきものであり、説法には、そういう意味がある。貞慶の場合、講式に、説法の代わりという役割もあったようにも考えられる。

貞慶作と見られる講式は、約三十点が現存しているが、その中から二つ紹介しておきたい。

薬師講式

生駒郡三郷町の総持寺は、貞慶が興福寺東金堂や五重塔の再建のために京都で勧進した際、夢で見た薬師如来像を安置した場所である。現在旧総持寺の子院だった持聖院に安置されている一針薬師笠石仏が、その薬師如来像ではないかという指摘がある。総持寺に関して、貞慶は自分で創建した寺院だという自負と責任感から、その運営のために奮闘している。如来像の開眼供養のために、春日大社参拝で知り合った三輪上人慶円（一一四〇〜一二二三）を導師として招き、多くの人の注目を集めた。『薬師講式』も、薬師の縁日である毎月の八日に総持寺で行なうために執筆されたようで、この総持寺薬師講会で定期的に集まる道俗の人々の布施によって寺院の運営を安定させることも、目的の一つだったと思われる。[14] つまり、『薬師講式』の執筆は、或る意味で勧進活動の一種であったといえる。

貞慶が勧進聖の依頼で講式を執筆した例はいくつかわかっており、当時講式による勧進が、平安時代の有力な檀越による経済的な支援の代わりになっていたことを窺わせる。

中宗報恩講式

『中宗報恩講式』は、冒頭で触れた「儀式化された講義」であるといってよい。その成立のきっかけとなったのは、後鳥羽院の御前講であったことが、『大乗院日記目録』という文献から解る。[15]この御前講は、正治二年（一二〇〇）に淀川沿いに完成したばかりの水無瀬離宮で行なわれた。正確な日付は明記されていないが、正治二年に二回行なわれたことがわかっている上皇の御幸のうち、一回めの方の三月二十二日から二十五日にかけて行なわれた南都・水無瀬離宮への御幸の折りではないかと推測できる。『猪隈關白記』によると、上皇は先ず二十二日に春日大社、東大寺、興福寺に参拝し、翌二十三日には宇治に立ち寄らず（つまり川下りをせず）、直接水無瀬に向かった。そこに、既に笠置寺に隠遁していた貞慶が出向いて、法相宗の教義に関する上皇の疑問に答えるために、その教義の概要、インド・中国・日本の三国伝来の歴史や、上皇が参拝されたばかりの春日大社とのつながり等を講義したようである。この御前講そのものは伝わっていないが、貞慶が講義のまとめとして退出後に記したのが、『中宗報恩講式』であった。上皇は『中宗報恩講式』を読んで甚だ感激し、『瑜伽師地論』一部百巻の書写を発願された。それが実行に移されたのは十年後ではあったが、上皇はこの百巻書写を六年間かけて成し遂げ、建保四年（一二一六）二月五日に、水無瀬離宮で大僧正信円に供養させた。同年八月の台風洪水により、離宮の殿舎が転倒流失したため、この宸筆『瑜伽師地論』は興福寺の北円堂に送られ、僧侶三十人によって毎日転読された。

七　むすび

慈円や貞慶が活躍した鎌倉初期は、講式の最盛期でもあり、講式の多様化によって、その本質が見失われてしまう危険性もあった。しかし、講式の歴史全体で見ると、どういう講式でも基本的に二つの機能を持っていることが解る。その一つは、本尊への帰依の表明であり、他の一つは、自分の善行の結果を他人に回すこと（廻向）である。特に本来のあり方のまま、法会の中の一部として使用される場合（現代では高野山の常楽会や東大寺の修二会など）、それらの機能がよく解るし、説法や講義との違いも鮮明に浮かび上がる。説法や講義が聴衆に向けて行なわれるのに対し、講式は本尊に向けて行なわれるのであり、修二会の場合のように、声を出さず黙読しても、仏菩薩に念力で通じるのである。

註

（1）北本涅槃経（『大正新脩大藏經』〈以下、『大正藏』〉一二・四四八頁中）、「善男子、菩薩摩訶薩住無畏地、得二十五三昧、壊二十五有。善男子、得無垢三昧、壊地獄有……」。この箇所は、智顗以降たびたび中国天台の書物に言及されていることからして、既に中国天台の中に一種の修法があった可能性がある。

（2）『八箇條起請』は『大正藏』に二七二四号として、『十二箇條起請』は二七二三号として収録されている。両テキストや他の関連文章は、『大日本佛教全書』三一でまとめて見ることができる。これらすべてのテキストの独訳と分析については、Niels Gülberg, Buddhistische Zeremoniale, S. 101-176を参照。

（3）「横川首楞嚴院二十五三昧講」の構成員に関しては、新井俊夫氏の分析がある（新井「二十五三昧会とその結衆について」『（戸松教授古稀記念）浄土教論集』大東出版社、一九八七年、八六一～八四七頁）。

（4）「將讀阿彌陀經六巻。旋遶念佛、全滿百遍。
迴向之後、可唱禮拜。『南無極樂化主阿彌陀如來。南無命終決定往生極樂。』

至最後巻、可唱禮拜。『南無恩德廣大釋迦大師。南無極樂化主彌陀如來。南無大慈大悲觀世音菩薩。南無大慈大悲大勢至菩薩。南無命終決定往生極樂。』

次用三禮等作法如例。

錫杖之後、結願之次、可唱寶性論願偈也。『依此諸功德、願於命終時、得見彌陀佛、無邊功德身。我及餘信者、既見彼佛已、願得離垢眼、證無上菩提。』」（『大正藏』八四・八七八頁下）。

（5）「抑未時集大衆、申時修講經。其迴向之後。將讀起請文。
酉終始念佛、辰初竟結願。

同讀十二箇軸之經文、共唱二千餘遍之佛號。

毎盡經度可唱迴向。迴向後還著禮盤、偕稱一百八遍之念佛。」（『大正藏』八四・八七六頁中）。

(6) 金剛三昧院本の完全な翻刻はまだないが、その写真版が『高野山講式集』（小林写真工業株式会社、二〇〇一年）の菩薩部二一番から二四番までに収録されている。

(7) 十世紀後半に成立し、奇跡的に残っているものとして、「横川首楞嚴院二十五三昧講」の中心的なメンバーでもあった覚超作の『修善講式』がある。覚超の原稿の一部が自家に千年以上にわたり大切に保管され、昭和四十一年に赤松俊秀氏によって紹介された（赤松『続鎌倉仏教の研究』平楽寺書店）。この『修善講式』は、人数制限の関係で結衆に参加できなかった親戚のために、覚超が自家用に製作したようである。残念ながら冒頭の部分が欠損してしまい、後の時代に補修されている。例えば、現状で「表白」とされる部分も、残存部を利用して、後代の補修の際に作られたと考えられる。『修善講式』全体にわたって「南無伽陀」が重視されている点は、『二十五三昧式』と同じである。

(8) 永観の『往生講式』に関しては、醍醐寺（第二一五函の四号）に、永観入滅翌年の天永三年八月十四日の奥書を持つ写本がある。その本文は、『大正新脩大藏經』などに収録されている流布本とほとんど同文であるが、奥書には、「抑此講式、彼律師存生之間、筆削不絶。雖然、最後臨終之時、以此本被修」とある。すなわち、永観は生存中、『往生講式』に幾度も手を入れたが、西暦一一一一年の時点までには、後の時代に多大な影響を与えた形式は確立されていたことがわかる。

(9) 高野山では、現在も、明恵作『四座講式』の一部（第一座の『涅槃講式』）と『明神講式』（の少なくとも表白の部分）が声明授業の教材になっている。

(10) 「一、没後追善佛事。一向可従停止都以不可修之。以二十五三昧追善之趣、爲可定。」（慈鎮和尚承久貞應御讓狀案、『華頂要略』五五上、『天台宗全書』一六・一一六一頁上）

(11) 「天台勸學講緣起」と「天台勸學講起請七箇條」による（『門葉記』九一、『大正藏』図像部一二・一三頁上〜一五頁中）。

(12)「然則、勸學講會會場、不絶而繼龍花三會、成就長日日輪、不陰而待鶏乞朝日。」（史料編纂所所蔵、建保二年写、翻刻や写真は『大日本史料』一―二二にある）。

(13)「此日、八講結願也。四座如昨日。結座講師貞慶已講也。說法珍重、只恨其音少」（『玉葉』下・六六二頁下）

(14)『薬師講式』に関して、翻刻は現在『講式データベース』にしかないが、その写真版が『高野山講式集』の如来部の九番として収録されている。

(15) 龍谷大学所蔵『中宗報恩講式』を翻刻した別稿にも書いたように、この重要な『大乗院日記目録』の記事は、上横手雅敬氏により初めて紹介された（上横手「貞慶をめぐる人々」『平松令三先生古稀記念論文集・日本の宗教と文化』同朋舍、一九八九年、二一九～二三六頁）。『大乗院日記目録』のこの記事は、奈良興福寺に伝わった『中宗報恩講式』の伝本（龍谷大学所蔵本はその転写本）の奥書から抄出されたものである。その奥書の冒頭は、以下のようである。「中宗報恩講式起。解脱上人蟄居笠置寺之後、後鳥羽院御宇正治二年、應勅喚被參水無瀨殿。而法相大乘之宗旨、預御不審之間、瑜闍降臨之眞説、三國傳來之始終、委細被奏申之處、追而可注進之由。依被仰下、被草進此式。叡覧之後、一代聖教肝心、不如十七地論。忽有勅願、際眞筆、六箇年一部百巻御書寫畢。則建保四年被遂供養、剩被寄附三村、永爲盡未來際之勅願畢。」

参考文献

講式一般について

山田昭全『講会の文学』（山田昭全著作集第一巻、おうふう、二〇一二年）

ニールス・グュルベルク「講式とは何か」（二松学舎大学21世紀ＣＯＥプログラム「日本漢文学研究の世界的拠点の構築」平成十七年度報告書、二〇〇六年二月、三〇～四〇頁）

ニールス・グュルベルク『講式データベース』（一九九七年〜現在、講式三七〇点以上の内容やその書誌の情報）（www.f.waseda.jp/guelberg/koshiki/datenb-j.htm）

Barbara R. Ambros, James L. Ford, and Michaela Mross, "Kōshiki in Japanese Buddhism", *Japanese Journal of Religious Studies* 43/1 (2016): 1-15.

Niels Gülberg, *Buddhistische Zeremoniale (kôshiki) und ihre Bedeutung für die Literatur des japanischen Mittelalters*, Münchener Ostasiatische Studien 76, Stuttgart (Franz Steiner) 1999.

『二十五三昧式』について

平林盛得「（資料紹介）楞嚴院廿五三昧結衆過去帳」（『書陵部紀要』三七、一九八五年、四一〜五二頁）

和多昭夫「高野山の二十五三昧式」（『仏教文学研究』一一、法藏館、一九七二年、三二五〜三六〇頁）

山田昭全「『二十五三昧式』翻刻・校注」（山田『講会の文学』、二九四〜三四一頁）

Niels Gülberg, *Buddhistische Zeremoniale*, S. 101-176.

永観の講式について

大谷旭雄「永観――念仏宗の人――」（『浄土教思想7　永観・珍海・覚鑁』講談社、一九九三年、三〜一七六頁）

山田昭全「永観作『三時念仏観門式』解説と翻刻」（山田『講会の文学』、一八三〜二〇四頁）

ニールス・グュルベルク「永観と宝物集――『三時念仏観門式』を中心として――」（『（季刊）文学』五―四、一九九四年十月、一一三〜一二一頁）

Niels Gülberg, *Buddhistische Zeremoniale*, S. 177-209.

慈円の講式について

Niels Gülberg, Reformbewegungen innerhalb der traditionellen Mönchsorden in der frühen Kamakurazeit (1)-Der Fall des Tendai-Abtes Jien (1155-1225)-, (27. Deutscher Orientalistentag, Sektion Japanologie, 29.9.1998 in Bonn) (www.f.waseda.jp/guelberg/publikat/jien.htm)

貞慶の講式について

山田昭全・清水宥聖編『貞慶講式集』（大正大学綜合佛教研究所研究叢書第二巻、山喜房佛書林、二〇〇〇年、〈五段『弥勒講式』〉）

ニールス・グュルベルク「伝明恵作『虚空蔵講式』について」（『大正大学綜合仏教研究所年報』一九、一九九七年、八七～一〇五頁）

ニールス・グュルベルク「解脱房貞慶と後鳥羽院——正治二年の水無瀬殿に於ける法相宗教義御前講と『中宗報恩講式』——」（『（山田昭全先生古稀記念論文集）中世文学の展開と仏教』、おうふう、二〇〇〇年、四二六～四五一頁）

James L. Ford, *Jōkei and Buddhist Devotion in Early Medieval Japan*. Oxford/New York: Oxford University Press 2006.（五段『弥勒講式』）

David Quinter, "Invoking the mother of awakening: An investigation of Jōkei's and Eison's Monju kōshiki", *Japanese Journal of Religious Studies* 38 (2011): 263-302.（五段『文殊講式』）

フレデリック・ジラール

歌人の儀式の『月講式』

——鴨長明と道元における三界唯心——

フレデリック・ジラール（Frédéric Girard）

パリ第七大学にて哲学博士号を取得後、高等研究実践院第四部門（歴史・哲学）を卒業。フランス極東学院教授。専門は日本仏教の宗教的・哲学的思想。

主要著書・論文

Traité sur l'acte de foi dans le Grand Véhicule（『大乗起信論』フランス語訳）（慶應義塾大学出版会、二〇〇四年）

The Stanza of the Bell in the Wind: Zen and Nenbutsu in the Early Kamakura Period（「風鈴頌にみる鎌倉初期の禅と念仏」）（国際仏教学大学院大学附置国際仏教学研究所、二〇〇七年）

Vocabulaire du bouddhisme japonais（『日本仏教語彙集』）（Deux Tomes, Droz, Genève, 2008.）

ほか多数。

一　はじめに

　ここでは鴨長明が考え出した『月講式』を分析するために、その重要なところをなしている「三界唯心」が当時どのように理解されていたかを検討する必要があると考え、長明と同時代に近くに住んでいた若き日の道元の月についての見方を検討し、同じ『月講式』を講演して両思想家の歴史的な媒介者になり得た藤原教家の若干の和歌を比較してみる。

　日本に「三界唯心」或は「三界唯一心」という言葉と思想が流行っていたのは平安時代からのようであり、その後もずっと続いている。いろいろな仏教の教示、説法、注釈書、著作のなかに、その言い回しと思想が現れたり、解釈されたりしていることから分かる。一応、三界は欲界・色界・無色界という三段の世界観というより精神界に基づいて考えられ、世俗世界の全ての段階は精神が形付けているという思想を表していると考える。しかし、場合によって、三界は別な意味も持っている。例えば、道元（一二〇〇～一二五三）は仏世界、衆生世界、一心世界という独特な解釈（詮慧の聞書抄による）を出しているのが象徴的で、三界唯心は「多様な世界はただ人間の心の持ち方により人間の心が作り出している」という日本の思想の特徴の観がある。ここでは鴨長明や道元と同時代の人物たちに「三界唯心と月のテーマ」がどのように扱われていたかを検討し、その上で彼らに共通していたであろう『月講式』について明らかにしていきたい。

二　三界唯心

鴨長明の『方丈記』の切り目には、三界唯心という文章が出てくる。それはちょうど、自分の隠遁の態度に関して都と日野との往復について述べている第三十四節にもある。すなわち、

それ三界は、たゞ心一つなり。心もし安からずば、牛馬七珍もよしなく、宮殿楼閣も望なし。今さびしきすまひ、ひとまの庵、みづからこれを愛す。おのづから都に出でゝは、乞食となれることをはづといへども、かへりてこゝに居る時は、他の俗塵に着することをあはれぶ。もし人この

いへることをうたがはゞ、魚と鳥との分野を見よ。魚は水に飽かず、魚にあらざればその心をいかでか知らむ。鳥は林をねがふ、鳥にあらざればその心をしらず。閑居の気味もまたかくの如し。住まずしてたれかさとらむ(1)

と説かれている。これは、はたしてどういう意味なのであろうか。

長明は三界唯心という言い回しを利用しているが、彼が人間の自律性を見出した直後であることに注目すべきである。また、それを和風に訓読しているのは、唯心の引用文を示したというよりは、自分でその中身を考えたからであろう。「三界はただ心一つなり」という(最近、幸せはわが考え一つであるという宣伝をみたことがある)唯心の考えは、「世界のものはただ自分の心持ちによって違うように見ている」ということである。世界というのは第十七番節では「みやこ」を指しているが、それは全宇宙を現しているのではないかと考えられる。一方、「心の持ち方」というのは、心が清ければ世界、世間も清くなり、心が汚ければ、世界、世間も汚く見えるということである。そのように長明がいうのは、「みやこ」すなわち世界を見に行って自分の庵へと戻る度に、三界唯一心という気持ちを味わい、都と庵との間の距離や違いをどのように見るべきかと、自分なりに嗜め、楽しんでいるからである。都のことを考える度に自分の庵の安定された生活を一層味わえる。ただし、最後には、自分の草庵の静寂な楽しみにも限界があるから、執着してはいけないともいっている。聖人でいるつもりでも実際は俗人でもあるから、なおさら長明は唯心の意味を深く感じていたのであろう。

また、長明は魚や鳥のように、隠遁した草庵の良さが味わえるといっている。魚の譬喩については、道元が否定的に述べていることが『宝慶記』の問答で知られる。道元は、ただ知的な理解だけで成仏を論じており、魚の譬えについては、禅宗の一類である因果撥無の自然外道先尼加を批判したところで述べている。一方、長明は魚のみならず鳥のことも述べている。それは鳥獣、動物全体を意味しているので、禅宗や唯識宗と違った眼で、その譬喩を扱っている。長明がどの経典や仏典に基づいてそれを用いたかは分かりようがないが、一応、一種の決まり文句のように見えるのである。

日本の中世を考えると、三界唯心の一つの源流は禅宗であるが、特に説法でよくいわれている言い方である。日本に導入されたのは恐らく鎌倉時代初期からであり、達磨宗も臨済宗も曹洞宗もこれを用いた。一方、中国での源は馬祖道一（七〇九～七八八）の思想であり、世界の物事を看破しているのが自分の中の仏性の作用であると考える見色見心、霊雲見桃の悟道論がそれである。すなわち、わが心こそが仏であるとする「即心是仏」の考えと、見聞覚知のはたらきこそが、仏性の作用即性という思想に集約されている。それに合わせて、自然現象や花や竹・松風を感じる時に、自分の中の仏性を自覚することになり、悟道の体験に繫がる。いわゆる「見色即是見心」である。馬祖の言葉には、

法無自性。三界唯心（法は自性なく、三界は唯心なり）。経云。「森羅及万像、一法之所印」。凡所

見色。皆是見心。心不自心。因色故心。色不自色。因心故色[2]（経に云く、「森羅及び万象は一法の印すところなり」と。凡そ見るところの色、皆是れ心を見るなり。心は自ずから心にあらずして、色によるが故に心なり。色は自ずから色にあらずして、心によるが故に色なり）。故経云。「見色即是見心」（故に経に云く、「見色は即ち是れ見心なり」と。）

というものがある。言葉としては南嶽懐譲（六七七～七四四）にまで遡れるが、その言わんとするところは、ものごとには不変の実体がなく世界内の存在は唯心のみであるから、あらゆる存在と現象は心の現出したものということである。人に見えるものは皆、心の現出したものとして見えるのである。心はそれ自体で心なのではなく、物に対してはじめて心なのである。また、物もそれ自体で物なのではなく、心を待ってはじめて物なのである。両者は相依相対関係にあるので、経典には「物が見えると心が見える」と述べられていると、衣川賢次氏はまとめている。

長らく中国を見学し体験して、そのような思想を正確に直接的に受け継いだ道元は、「三界唯心」という言葉をしばしば用いた。伊藤秀憲氏によると、『正法眼蔵』の中で六十七回も使用しているという。「三界唯心」は『正法眼蔵』の巻のテーマにもなっている。『正法眼蔵』第四巻の「身心学道」の中に、

> 仏道を学習するに、しばらくふたつあり。いはゆる心をもて学し、身をもて学するなり。心をもて学するとは、あらゆる諸心をもて学するなり。その諸心といふは、質多心、汗栗駄心、矣栗駄心等なり。又、感応道交して、菩提心をおこしてのち、仏祖の大道に帰依し、発菩提心の行李を習学するなり。たとひいまだ真実の菩提心おこらずといふとも、さきに菩提心をおこせりし仏祖の法をならふべし。これ発菩提心なり、赤心片片なり、古仏心なり、平常心なり、三界一心なり。[3]

といっている。ここでは心の学道と陳べているので、積極的な表現で三界唯心を発菩提心、赤心、平常心などと主張しているのである。

『正法眼蔵』の「空華」の巻の中に、空の中の幻の華は畢竟じて仏性を宿し、映す海の中に印されているから、人間の錯覚された瞎眼をもってしても実相として見ることができるようになるという。すなわち、迷いの中でも悟りの境地と密接に繋がっているというのである。円の中に四角を入れようとしている矛盾めいた現成公案の世界では、正法眼蔵涅槃妙心の境地があらわになる。目の見えない人でも無自性である幻の現象を見て、すべての物は唯心であるから、そのことを通じて仏性を看破できるという。そういう思想は日本でも十二世紀には多少知られていたとしても、それを正確に理解したのは他ならぬ道元であった。

もう一つの三界唯心の思想の源流は、天台宗の源信（九四二〜一〇一七）の『一乗要決』にあるとされているが、実は最澄（七七八〜八二二）の弟子に当たる光定（七七九〜八五八）の頃には伝わっていたと思われる。それは『華厳経』の中心思想を集約した文章として知られているが、実際は『華厳経』の文章の二カ所を合わせて出来あがったようである。『華厳経』以前の経典、例えば『正法念処経』などでは、三界唯心の意味は五蘊や煩悩の世界を表現しがちであるから消極的な意味ばかりに偏るものであった。しかし、『華厳経』に説かれる「唯心偈」が流行して以降は、消極的な意味に並行して積極的な意味でも説かれるようになる。すなわち、両極端である仏と衆生は一心によって通じるようになり、その一心は両方面へ迎えられるから二重あるいは三重構造の思想になるのである。

このような形で三界唯心の思想は平安時代から流布していたが、禅思想はその二重構造あるいは三重構造を改めて、一枚構造にした。道元の場合がそうである。一方、鴨長明は達磨宗の人達と面識はあったが、彼らから知り得た確証はない。恐らくは、天台密教の言い回しとして認識していたのではあるまいか。

結論から言えば、長明の三界唯心は消極的面が強く、厭世的傾向を示す。他方、道元の三界唯心は現世肯定的な面、瞬間的な世間の把握の仕方が目立つ。しかし、共通のトピックがあれば、隠遁の思想を表す可能性があり、そこに仮説が立てられるのではないかと考える。

長明と道元との間に、歴史的に見て関係があったとすることは不可能ではないが、確証はない。若い頃の道元が晩年の長明と一二〇八年から一二一二年までの四年間ほど同じ時代を生きたとすれば、同じ領域を流れている思想が伝わっていたかもしれない。ただし、思想的には、別な系列に属しているので、むしろ同じ時代に、どういうふうに同じ術語、言い回しを使っていたかということに的を絞り、今の比較研究を進めていきたい。

三　鴨長明の『方丈記』による隠遁

(1) 鴨長明の恨み

鴨長明（一一五三?～一二一六）は高倉天皇（一一六八～一一八〇年在位）の治世中に京都の下鴨神社の指導神主になりたかったのであるが、拒否された。その折に、悔しさのあまり、仏教の在家の信者になり、沙弥戒を受けて入道になった。そして、次の和歌を詠んでいる。

いずくより　人は入りけむ　まくずはら　秋風吹きし　道よりぞ越し(4)

秋になると落ち葉は風によって吹き払われるので、葉っぱの裏側（裏身〈うら＋み〉）が曝《さら》される。それと同様に自分の恨み（うら＋み）、即ち憤り怨も明らかになっていく。そのうらみは長明にとって仏道に入った動機でもあったと、自分で指摘している。そのような動機が本来は否定すべきものであっても、俗世間に対する憎しみで宗教人になり、秋の風は自分の飽きた気持ちを表象していると告白している。この時、長明が詠んだ和歌にはあきらかに、二重の意味があったのである。

長明は『方丈記』の中で、人間の普遍性を強調し、明確にした。普段、『方丈記』は無常の文学作品の代表とされているが、そのことは前編のみに止まり、後編は人間の完成、解脱の世界を描いていると思われる。仏教の用語でいえば、五蘊からなる有為の世界から無為の解脱の世界へ、世間から出世間へ、所有物への執着の富んでいる都である世界から勝地に主なしという所有物のない妨げのない法界へ辿り着く過程を書いている思想録であると読み取りたい。

(2) 南方熊楠の見た長明——世界と人生に理解できない不思議

年代的に一番始めに、英語で『方丈記』を完全に翻訳したのは自然科学者の南方熊楠（一八六七～一九四一）であるが、彼はアメリカに留学していたせいか、『方丈記』の著作者の長明をヘンリー・デイヴィッド・ソロー（一八一七～一八六二）にも匹敵する人物であると考えていた。その比較は実は題にだけ現れて、序文にはもう出てこない。恐らくは、何らかの理由で熊楠が、その詳しい比較を引っ込めたためであろう。しかし、ソローの著作を読んでみると、『方丈記』に似ている文章と思想内容が見られる(5)。

一八四九年のソローの著作のタイトルの『孤独と内面的反乱』は、神と世界と霊魂の統一に基づいて著されている。ただし、その霊魂は世界の霊魂に他ならないという。ここで熊楠が考案した熊楠曼荼羅を見ると、その中に三次元の不思議が認められるであろう。その三次元というのは英語では、inconceivability of mental and physical facts, inconceivability of principles in the no-duality of facts, inconceivability of the infinity of the unknown where I and others are fusionning である。すなわち、精神的・身体的・物理的な「事不思議」の次元、事と事の不二の帰する所の道理である「理不思議」の次元、自と他が融通している不可知の無限の次元の「大不思議」である。その三重構造が熊楠の考えにあるのはひょっとしたら、本来熊楠が習っていた仏教の理論による可能性がある。その類似性と長明が『方丈記』の中に世の不思議を描写している言葉である「およそ物の心を知れりしよりこのかた、四十あまりの春秋をおくれる間に、世のふしぎを見ることや、たびたびになりぬ」とを合わせて考えれば、熊楠の不思議は長明の世の不思議からヒントを得たと考えられるのである。長明の裏側の思想に源信の三界唯心の元にある唯心偈の「仏、衆生、一心」の三重構造を考えてもいいとすれば、その影響が熊楠にも及んでいると考えられるのである。

(3) 人間の疎外と身心の不可離な関係による自由

鴨長明が一二一二年に著した『方丈記』は、心だけではなくて、身と心とを関係づけて論じている。それを見てみると、非常に独創的で、自分の体験に基づいて身と心との問題を扱ったものとしては、日本でも年代的に早いものであったと思われる。

長明の論法は簗瀬一雄が示したように、幾つかの要素を対比的に組んで、全てのケースを調べた上で、自分の結論を述べていくというものである。長明の目的は読者が納得するということにある。要するに、ゆく川のながれというのは通常はただの無常観を表現しているとされるが、実際はそれが隠遁の必要性を証明するための役割を果たすものであり、かつその手段でもあり、適当な環境が設定された上で、人間を他から開放をさせることを実現し、自由さを味わうことへと導くものである。そのことは『方丈記』の第三十三の文にも顕著である。

それ人の友たるものは富めるをたふとみ、ねんごろなるを先とす。かならずしも情あると、すぐなるとをば愛せず、たゞ絲竹花月を友とせむにはしかじ。人のやつこたるものは賞罰のはなはだしきを顧み、恩の厚きを重くす。更にはごくみあはれぶといへども、やすく閑なるをばねがはず、たゞ我が身を奴婢とするにはしかず。もしなすべきことあれば、すなはちおのづから身をつかふ。たゆからずしもあらねど、人をしたがへ、人をかへりみるよりはやすし。もしありくべきことあれば、みづから歩む。くるしといへども、馬鞍牛車と心をなやますにはしか（二字似イ）ず。今ひと身をわかちて。二つの用をなす。手のやつこ、足ののり物、よくわが心にかなへり。心また身のくるしみを知れゝば、くるしむ時はやすめつ、まめなる時はつかふ。つかふとてもたびたび過さず、ものうしとても心をうごかすことなし。いかにいはむや、常にありき、常に働（動イ）くは、これ養生なるべし。なんぞいたづらにやすみ居らむ。人を苦しめ人を悩ますはまた罪業なり。いかゞ他の力をかるべき。衣食のたぐひまたおなじ。藤のころも、麻のふすま、得るに随ひてはだへをかくし。野辺のつばな、嶺の木の実、わづかに命をつぐばかりなり。人にまじらはざれば、姿を耻づる悔もなし。かてともしければおろそかなれども、なほ味をあまくす。すべてかやうのこと、楽しく富める人に対していふにはあらず、たゞわが身一つにとりて、昔と今とをたくらぶるばかりなり。(6)

と。この文章は特に身心関係では重要で、日本独特の考え方が示されていると思われる。道元の身心の不可離説もその時代の流れを汲む感じがする。『正法眼蔵』の「即心是仏」の巻に、中国仏教の「心を出発点にして心を重視する」という見方を真っ正面から批判して、異端者の先尼伽の邪見としている。自発的に、生成される精神、霊魂を否定している道元にとっては、精神や霊魂は身体以外にはたらいているという見方を認めていないことになる。むしろ道元は、心よりも「身」や「体」の方へ目が向いていて、その役割を重視している。そのことを語っている言葉は多いので、すべて引用しきれないし、またすべてを挙げても意味がないと思われる。

これに対して長明は、もともとが神道傾倒の人であるし、他人を気にして隠遁した人物であるから、個人的人間の中の身心観を成立させることができたと考えられる。長明は南方熊楠が示唆したように、ソローと相い似たところがあって、人との関係の煩わしさから離れて、いい環境に置かれたら、心が安らかになると考え、その道を目指しているようである。

要するに、第三十三節の主張は束縛から自由になった人間の状態を語っている節として、前半の単なる無常の欲望の世界とは正反対である解脱の世界が描写されているのである。そこに、三界唯心の説明が出てくるのは決して偶然ではない。(7) ある意味で奴隷と主との弁証法を思わせるところがなくはないが、但し、長明の言っている束縛は人間の心理的な関係にかかわるものが多くて、「人を頼めば身他のやつことなり、人をはごくめば心恩愛につかはる。世にしたがへば身くるし。またしたがはねば狂へるに似たり。いづれの所をしめ、いかなるわざをしてか、しばしもこの身をやどし玉ゆらも心をなぐさむべき。」(第二十五節)という関係を歎いているから、日本社会の独特な事情をいっていると考えてよいであろう。

四　鴨長明の自由の発見

『方丈記』は、前半に語られる「無常の頼りなさ」から、後半においては「人間自由の発見への証明」を語るものであり、そのことは『方丈記』の冒頭を見ればわかると思う。長明自身の人生も一代の句切りである。長明は確かに流れる川に人間の生涯を比較し、日本の様々なイメージを使用して、特別な方法でそのテーマを扱っている。

人間には人空と法空の二空がはたらいて、川の流れ自体は連続しているが、川の水自体は消えていく。川には実体がないという「人空」と、川をなす水も実体がないという「法空」の二空より見れば、世間的な物は一切無常であるが、流れとしての川は連続しているから、人間には救いがあるという望みが、最終的に『方丈記』の意味しているところと考えたい。身と心が不可離な関係にあれば、他人に寄らないことで、「みやこ」で束縛されている奴隷的な関係を解くことができる。そこに、人間の自立と自由を発見し、三界唯心という隠遁した時の精神の正しい持ち方を表現しようとしている。また、源信の『往生要集』に基づいて観想念仏すれば、連続的に極楽往生へと繋がることになるはずである。しかし、そうでないのなら細々と臨終の折に、念のために、不請の称名念仏も唱えることにする。一番はじめの文章といちばん最後の文章が繫がっている観がある。

五　『月講式』――一心、法界、月

大原から日野山へ誘った日野家の禅寂は、長明の依頼で『月講式』を著した。一三一八年の豪信の書写が存在している。その著作は三界唯心をも解釈しており、『方丈記』との関わりも指摘することが出来る。『月講式』の成立に関しては問題があるものの、長明の思想を表す良い資料として扱いたい。

『月講式』の冒頭に、普通の儀礼作法とは異って、ただ虚空に対して月を大勢至菩薩の垂迹である月天子であると褒めているが、これは長明の存在する空間が何の妨げのない無為の一つと数えられる虚空であることを示している。それは、芸人や歌人の仕業である芸術を褒めるとともに、懺悔作法へとつながっているとされている。しかし、歌人としての西行の後悔および懺悔作法とは異なり、懺悔しない長明にとって「月講式」は自分以外の芸人の力をかりた他力的な懺悔法則ではなかったかと考えられる。その次第を見ると「先に総礼」し、次のようにいう。

菩薩の清涼の月は　畢竟空に遊び　衆生心の水が清く　菩提のなかに影現す。

今この講演作法は通常の法則と似ず、只虚空に對して月の天子を讃嘆す。(8)

と。ここでいう虚空とは法界に他ならないし、勢至菩薩が衆生のために自由に遊行している場所である。さらに、

況んや月輪の体は円なるは、是れ法身の光は法界に遍じ、是れ報身の影は万水に浮かび、是れ応身の宮殿は又浄土也。(9)

という。人間と天との感応道交で人間が罪から救われる。感応道交は道元が好んでいる言葉であるが、恐らく日本の宗教世界に普通に流布していたであろう。普賢菩薩は清浄の世界と法界を場にして妄想から生まれた全ての障害を払っているのであるが、それは坐禅の修行によって清められた精神で物事の本当の姿が見られるからであるという。ここでいう懺悔というのは妄念を除いて心を清めることで、後悔という苦行ではなくて坐禅をすることになる。そういう次元で、帰依すべき普賢は遂達すべき凡心の円明の真源であると同様に、特に満月の心殿と解釈されている。次いで、

三界は唯だ一心のみにして、心外に別法無し。是の故に縁を法界に繋げば、心は即ち是れ月にして、念を法界に一にすれば、月は即ち心なり。繋と雖も念と雖も、一心を出でず、寂すと雖も照すと雖も、只だ是れ一月のみ。心月相い即して、寂照同時なり。此の観恵をして、心と相応せし

めば、衆罪露消し、一心月明なり。此の理に迷うが故に、諸々の熱悩を受く。今、始めて覚悟して慚愧懺悔す。(10)

という。長明の詩的宇宙と宗教的宇宙とが、法界の宇宙として描写されているかのようである。ある意味では山田昭全のいうように、西行の最晩年に書かれた桜の花を多く読み過ぎた一生の間の歌論を思わせる。しかし、普賢にかかわる長明の悔やむ修行は苦行のようなものではなくて、業障の原因である妄想を除くものであるから、端座して実相を見ることである(一切業障海、皆従妄想生、若欲者、端座思実相)と『普賢経』に近い文章で収めている。妄念を除くこと自体が魂の得脱であるので、月の詩人である長明は夜空の月と管絃の音色が虚空の中で響きあう宇宙を作っているから、台密でいう実相観になる。そうすれば、長明は数寄のありかたを、相即仏道として止揚していることになる。しかし、最晩年の長明は利他的な理想も含めた仏事を考えていたから、宗教と好き者と利他的な行為とが長明の世界として巧みに描かれていく。したがって、長明の思想は、ただの享楽主義と混雑するものではないのである。このことについて貴志正造は、長明と禅寂とが宗教と文学とを談義し、肝胆相照らして語った月の哲学を想定して、「仏教の唯心論を利用して、美の対象として賞する月と宗教の対象として拝む月と、この両者を融合した形の敬仰賛美を目指す芸術的宗教行為として見るべきで、信仰と美学を一行為中に合一せしめる絶対的境地をひらこうとする構想である。長明にとって、これは方丈記的世界、さらに、『発心集』の世界からの数歩の前進である」と述べている。[11] 簗瀬は「三界一心の観によって、月にわが心を託し、月天子を礼することを持って、芸文の輩に許さるる懺法としようのである」と評価している。数寄と仏道の融合を目指している長明の態度をあらわしているといえるであろうか。

ともかく、長明にとっては三界唯心というのは世間から離れて自分だけによる空間をつくって自分の自由さを生かして発展させる立場ととっている。それは、恰も、殆ど、他人との接触を避けている態度でありながら、都を出て、一種の遊行の旅を行なっていると思われる。それは長明が『方丈記』第三十一節にいうように、

木幡山、伏見の里、鳥羽、羽束師を見る。勝地はぬしなければ、心を慰むるにさはりなし。あゆみわづらひなく、志遠くいたる時は、これより峯つゞき炭山を越え、笠取を過ぎて、岩間にまうで、或は石山ををがむ。[12]

という心地を現している。この文章には、いい景色の場所には所有者がないことが述べられるが、「障りなし」「患いなし」という言葉は無碍である虚空の定義を思わせ、長明の自由な遊行の仕方はまさしく法界を歩んでいるかのようである。木幡と鳥羽とが道元ゆかりの地であることはよく知られて

いるが、歴史的に道元と長明を結びつけられる論証にはなりがたい。

木幡は藤原家の母方の地所であるので、若い道元は興福寺系の唯識の造詣を身につけた可能性がある。鳥羽亭に関しては、精神を清める普賢菩薩の業による懺悔の儀式が禅僧侶によって行われると、道元の祖父である源通親（一一四九～一二〇二）が『擬香山摸草堂記』（一一八三）（白居易〈七七二～八四六〉）の中で述べている。それによると、

城南幽奇甲雍州地。河東村曰鳥羽。里境楼城軒騎往還无煩、水石屈曲得便。其砌寂寥、且甲天下。長元六年（一〇三三）夏、曩祖右丞相、一看卜之、再宿忘帰。新移象岳之居、以為菟裘。面河腋山、不日成風。手聚拳石、足決斗水。縮陽栄以納秋月、洞陰戸以来涼飈。作為蝸舎、雖非燕寝、高閣低廊。率称心力。相府既来為主。称地号於久我。主富遐算地保長生故也。遂得所好、終老受之。万乗主、或停仙蹕二代上皇或艤虚船積善不空、三槐連枝、余慶旁覃、五柳継塵。山南建金客[＝容]紫磨之梵宇。池面北累祖三公之墳墓。傍構数宇之僧庵、内置三昧禅侶、素暁消普賢罪霜、黄昏弥陀例時、日日鎊瑜伽壇、年々訪彼菩提。何必峴亭碑灑行客之涙、商洛祠貽隠逸之栖哉(13)。

ともあり、長明の方丈と通親の鳥羽亭には類似性のあることがわかる。何らかの影響があったのか否か。あるいはその時代の風潮を示しているとも考えられる。懺悔の時には滅罪の役割以外、普賢菩薩

は法界に遍在し、利他のために遊行しているという。このような考え方が一般的となって、懺悔が必要でないとした道元も、越前の吉峰寺に引っ込んだ折に著した『坐禅儀』の中で「法界定印を結ぶ」としているので、三界唯心を唱えながら法界という場所、スペースを虚空という名目で作っていることがわかる。そのことは、かなり長明と共通点があるように思われる。

この『坐禅儀』には、道元の檀家である権大納言藤原教家が講演させたと今村みゑ子が著書に指摘している。[14] 教家は明恵（一一七三～一二三二）を戒師として選んでいる（一二二五年十月九日）。弘誓院に居住して一二三四年に道元の宝林寺の法座を寄進し、一二三五年に法性寺で出家している。彼には和歌が残っており、『続古今和歌集』（一二六五）に収録されている。例えば、

①　第四秋上　題不知　364
　ゆふぐれは　いかなるいろの　かはればか　むなしきそらに　あきのみゆらん

②　巻八釈教　覚者何還厭夢中事　756
　うしとても　おもひほどけば　ゆめのよを　いとふはひとの　さめぬなりけり

③　巻八釈教　若離我執忽然帰大我　757
　こころなき　よもの野山の　くさ木まで　われをすつれば　我が身なりけり

④　巻十七雑上　秋歌の中に　1921

　わが心　とまるところは　なけれども　猶おくやまの　あきの夕ぐれ

⑤　異本歌　756と758との間に

　平常心是道

　まことしく　仏の道を　尋ぬれば　ただよのつねの　心なりけり

という六首があるが、明らかに釈教歌と禅宗的な和歌は道元との関係から読まれたに違いない。今村によれば、道元関係の資料として①から⑤までを挙げる文章があるといっているが、確かに同感できるのが①と⑤である。他のものも道元の影響がありうるが、論証するには『傘松道詠』の資料的価値の裏づけの必要性以外に、『月講式』の講演と教家の和歌の年代を知る必要がある。教家には道元以外、知り合いの禅宗の僧侶の存在は確かめられないが、仏教の歌人としては華厳密教の明恵と真言密教の親厳も挙げられるので、[15] すべて道元の影響だとはいえないが、その影響は否定もできない。

①に関しては『宝慶記』の「風鈴頌」が指摘できるし、「むなしきそら」と訓読させた虚空への強調は『月講式』と同じ教理を有している。今村は、『正法眼蔵』の一番初めの説法である「摩訶般若波羅蜜多」の中の「色即是空、色是色なり、空是空なり　学般若これ虚空なり、虚空は学般若なり」（一二三三年夏安居）という文章のもとになったとも述べている。[16]

⑤に関して、馬祖系統の言葉であるから、馬祖系統の三界唯心を受けている道元の影響が考えられる。[17] 今村の言うように、一二四二年九月九日に宝林寺でなされた説法の「身心学道」のなかには「平常心といふは、此界、他界とはいはず、平常心なり」という文章と、「発菩提心、赤心片片、古仏心、三界一心」という言葉より、三界唯心と平常心とを同義語として使っていることが指摘できるが、他にも例文がある。

釈教歌の②と③に関して道元に釈教歌がないので論じ難いが、教家が道元の言ったことを自分なりに理解して釈教歌にした可能性もある。[18]

④に関しては道元でも他の歌人でも影響を与えることができたであろう。一つの課題は、道元の難解な説法を受けている檀家が、どのように師の言葉を理解したかである。

一二四三年一月に、宝林寺において著された『正法眼蔵』の「都機」（仏性の全機〈徹底した働き〉としての月）の中には、

仏の真法身は猶し虚空の若し、猶若（真如）の虚空なり、物に応じて形を現すは、水中の月の如し。如（真如）の水中月なり。いはゆる如（真如）の水中月の如如は水月なるべし。水如、月如、如中、中如なるべし。相似を如と道取するにあらず、如は是なり（中略）心は一切法なり、一切

法は心なり。心は月なるがゆえに、月は月なるべし。心なる一切法、これことごとく月なるがゆえに、遍界は遍月なり。通身ことごとく通月なり(19)

という文章が目立ち、道元は明恵達のように歌人として月を譬喩としてはおらず、現実にしていることがわかる。

道元が越前へ引っ込む直前に月のことを普通の譬喩ではなく、現実そのものとして扱ったのは、『月講式』が存在していたことを意識した上でのことであったと考えれば、一番容易に説明出来る。もしそうでなければ、月をそれほど重視することは理解しにくくなる。一つの問題提起は、道元が確かに教家との関係で『月講式』のことを知っていたとすれば、木幡の時代から何らかの知識を得たのか否かということである。もしそうであれば、非常に若い時から月と和歌と芸術の重要性が念頭にあったと考えられるし、『月講式』の中に扱われている用語を自らの思想の中に取り入れたのも早い時期からであったと考えられる。そうでなければ、その知識は別なルーツを辿ったものと考えられる。

長明と道元と同時代の歌人が月を題にした和歌をあげてみると、西行・明恵等がいるが、彼らの場合、山田照全の指摘の通り、月と菩提心論が深く関わっているので密教の月輪観の面が強いといえる。長明にもそういう影響があったに違いないが、中国の禅宗に支配されている道元は、密教を利用していない点に特色がある。

ここで指摘できるのが、『月講式』は月と三界唯心を関連させる文献である以上、長明と道元の思想を比較するキッカケになっている。道元の「都機」の巻の中の月の解釈を見ると、あまりにも月に特殊な意味を呈しているから、あたかも教家の『月講式』の講演に参加したかのようで、その巻をわざわざ作った感がある。しかし、全体的な印象として、少しずつ、京都貴族の教家を離れて、武士の秦野義重に近づいていているということである。

六　むすび

先ほど述べたように、長明の三界唯心は消極的面が強く、人間嫌い的なペシミスチックな所が多く、道元の三界唯心は現世肯定的な面が目立つ。流れている時間の毎瞬間を味わう長明、越前への隠遁の上に教団的配慮をしなければならなかった道元。対照的である。同じ月を扱っていても、単なる比喩的な利用の仕方の長明や同時代の歌人達に対して、道元は現喩といって、文学的な使い方よりも実践的な理解を強調しているところに特色がある。

月の仏教思想の中軸的な位置付けは古代から目立ち、鎌倉時代初期になるとなお顕著になるが、長明・明恵・西行、道元と藤原家、特に九条家の良経の次男である道家の弟に当たる教家達が関係していることに注目した。月に関して土着信仰と密教的な理解の仕方や禅宗的な理解の仕方と相まって、『月講式』の存在には案外と大きな意味があると気づかされる。源通親・鴨長明達には、法界に遍在している普賢菩薩によって滅罪の儀式が展開されるが、それが禅僧侶によって行われるか、あるいは自分で行なうかであった。ところが、道元は儀式として行なうことを否定し、すべての懺悔を内面的に行なった。すなわち、中国で習っていた新しいやり方の只管打坐という修行に取り替えた。ここに、『月講式』が唱えている虚空の意味が見られると同時に、道元と既成仏教との交流ならびに対立が見えてくるのである。

註

（1）『方丈記』（『群書類従』第二七輯・雑部、三九〇頁上）。
（2）『宗鏡録』（『大正新脩大蔵経』〈以下『大正蔵』〉四八・四一八頁下）。
（3）『正法眼蔵』（『大正蔵』八二・一五八頁中）。
（4）『十訓抄』（『日本古典文学全集』、三二〇頁）。
（5）Kathryn Vanspanckeren. Thoreau et le transcendantalisme. *Encyclopédie de l'Agora* 01-04-2012.

(6)『方丈記』(『群書類従』第二七輯・雑部、三八九頁上〜三九〇頁上)。

(7) 長明の三界唯心は悟りを表現している石田吉貞の説に賛成である。石田吉貞『隠者の文学——苦悶する美——』(塙書房、一九八六年)一五〇〜一五三頁。

(8) 三田全信『浄土宗史の新研究』(隆文館、一九七一年)九三頁。磯水絵『説話と音楽伝承』(和泉書院、二〇〇〇年)一二一頁。

(9) 前掲註(8)三田書、九五〜九六頁。磯書、一二五頁。

(10) 前掲註(8)三田書、一〇〇頁。磯書、一三一〜一三二頁。

(11) Jacqueline Pigeot, *Récits de l'Eveil du cœur*, Le Bruit du temps, Paris, 2014の仏訳の序文を参照されたい。

(12)『方丈記』(『群書類従』第二七輯・雑部、三八八頁上)。

(13) 品川和子「擬香山模草堂記について〔含本文翻刻・注解〕」(『学苑』第三六九号、一二一頁)。

(14) 今村みゑ子『鴨長明とその周辺』(和泉書院、二〇〇八年)三二一〜三二七頁。

(15) 前掲註(14)今村書、三一三〜三一九頁。親厳は歌人であったかどうかはわからないが、その教養から消えばあり得たであろう。

(16) 拙著 Les Dialogues de Dōgen en Chine, Edités et traduits par Frédéric Girard, *Rayon Histoire de la Librairie Droz*, Genève, 2017, M. 307-327, 555-561. 拙稿「如浄禅師の風鈴頌の伝播——鎌倉時代における禅と念仏との交流——」(『金澤文庫研究』第三一七号、二〇〇六年)。拙稿 The Stanza of the Bell in the Wind: Zen and Nenbutsu in the Early Kamakura Period, Studia Philologica Buddhica, Occasional Paper Series, XIV, The International Institute for Buddhist Studies, 2007.

(17) 拙稿「道元禅師の「三界唯心」について」(『印度学仏教学研究』第四一巻第二号、一九九三年)。

(18) 今村は道元の文をあげている（前掲註〈14〉今村書、三二七頁）が多少、結び難い感がある。
(19) 『正法眼蔵』（『大正蔵』八二・一六八頁上〜下）。

藤井恵介

法会と仏堂

藤井恵介（ふじい　けいすけ）

一九五三年生まれ、島根県出身。東京大学工学部建築学科卒業、東京大学大学院博士課程単位修得退学。東京大学助手、助教授、准教授などを経て、現在、東京大学大学院工学研究科教授。工学博士。専門は建築史。

主要著書・論文

『日本建築のレトリック——組物を見る——』（ＩＮＡＸ、一九九四年）
『密教建築空間論』（中央公論美術出版、一九九八年）
『建築の歴史』（共著、中公文庫、二〇〇四年）
『関野貞アジア踏査』（共編著、東京大学出版会、二〇〇五年）
『中村達太郎日本建築辞彙』（新訂）（共編著、中央公論美術出版、二〇一一年）
ほか多数。

一　寺院と伽藍の形態

〈インド〉

本来、ブッダらは遍歴しながらの教化を旨としたけれど、夏の雨期にはそれが困難でしかも殺生を禁止していたから（歩けば草木の芽を踏むし、虫を殺してしまう）、その期間に留まる駐屯地がどうしても必要だった。信者が土地と建物を提供した。このようにして「仏教寺院」と呼ばれるものが発生していった、と考えられている。

最も古い寺院には僧の留まることのできる小室群（僧房）と集会施設が必要だった。集会施設は、僧侶全員が収容できる大きさが必要だった。そこでは、戒の保持を確認する儀礼（布薩）が半月ごとに開かれた(1)。

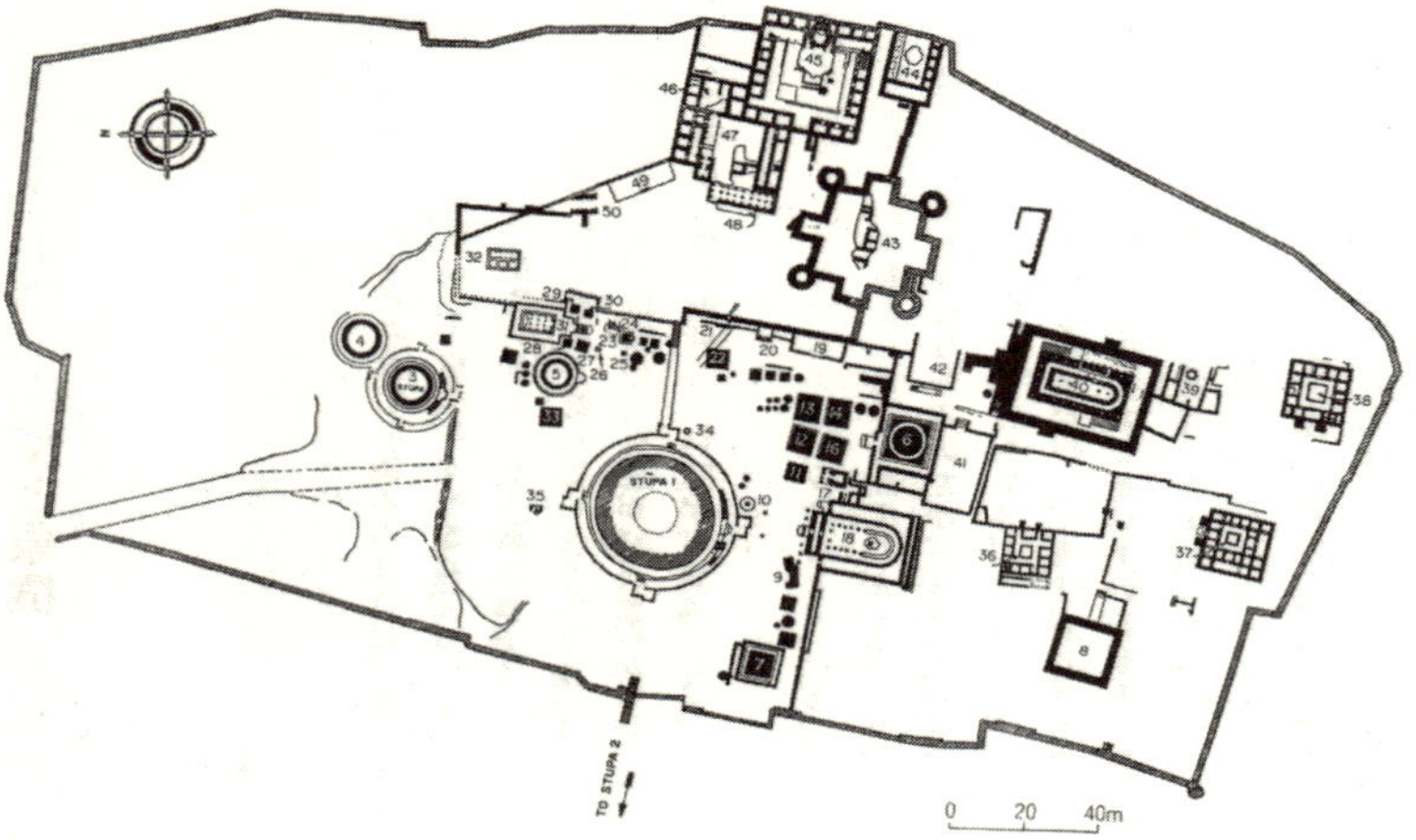

図1　サンチー遺跡図

ブッダの死後に聖なる遺物としてブッダの遺骨（仏舎利）をめぐる争いが起き、結果として八分されて、各地に仏舎利塔（ストゥーパ）が建設された。塼《せん》（煉瓦）を半球状に積み上げ、上部に傘状の蓋い（傘蓋）を載せた形をもつ。偶像（仏像など）の制作を禁止した初期の仏教においては、この塔はブッダを表現するものとして俗人の間にも広く普及した。

石窟寺院では、ホールとそれを取り囲む房室からなる僧院窟と奥長で最奥に塔（チャイトヤともいう）を置く形式の仏堂（チャイトヤホール）の誕生が確認できる。僧院窟は、初期の仏教寺院の姿を髣髴させる。また、平地の遺跡では大小の塔と僧院（ビハーラ）が多数建設されたことが分かる。サンチー遺跡の図（図1）を見ると、数基の塔と幾つもの僧院が確認できる。

布薩など僧団の維持のための法会があり、次第に塔や仏の供養のための法会が開催されるようになっていったのだろう。

〈中国〉

一世紀頃に中国に仏教が伝わり、本格的な寺院を造ることになったとき、中国ではすでに発達していた既存の木造建築を使おうとした。『三国志』の呉書によれば、後漢時代（二五〜二二〇）末に笮融が徐州に建てた「浮屠祠《ふとし》」は二重の楼閣で、一重に金色の仏像を安置し、上重の屋根の上に相輪を載せていた。さらに、周囲に二層の回廊をめぐらして、三千人を収容することができたという。これが最も早い段階での仏教寺院の姿である。インドの寺院建築とは相当に異なる姿であったことだけは確かである。

北魏（三八六〜五三四）は国教として仏教を全面的に取り込んだ。北魏が洛陽に遷都（四九三）した頃は、仏教が大変に盛んな時であり、洛陽城内に千三百余り、国全体では三万の寺院があって僧尼は二百万人にも達したという。そのなかで最も著名な洛陽の永寧寺は熙平元年（五一六）に創建され、高さが百五十メートルにも及ぶ木造九重塔、宮殿の正殿に似通った巨大な仏殿があって、寺域の四方に開く門は三重、二重の楼門であった。

敦煌壁画に見える浄土図や道宣の『関中創立戒壇図経』（以下、戒壇図経）に収められた唐代の寺院図（図2）は、現実にあった建築を再構成したものと推定される。それらの図では、中央に大きな重

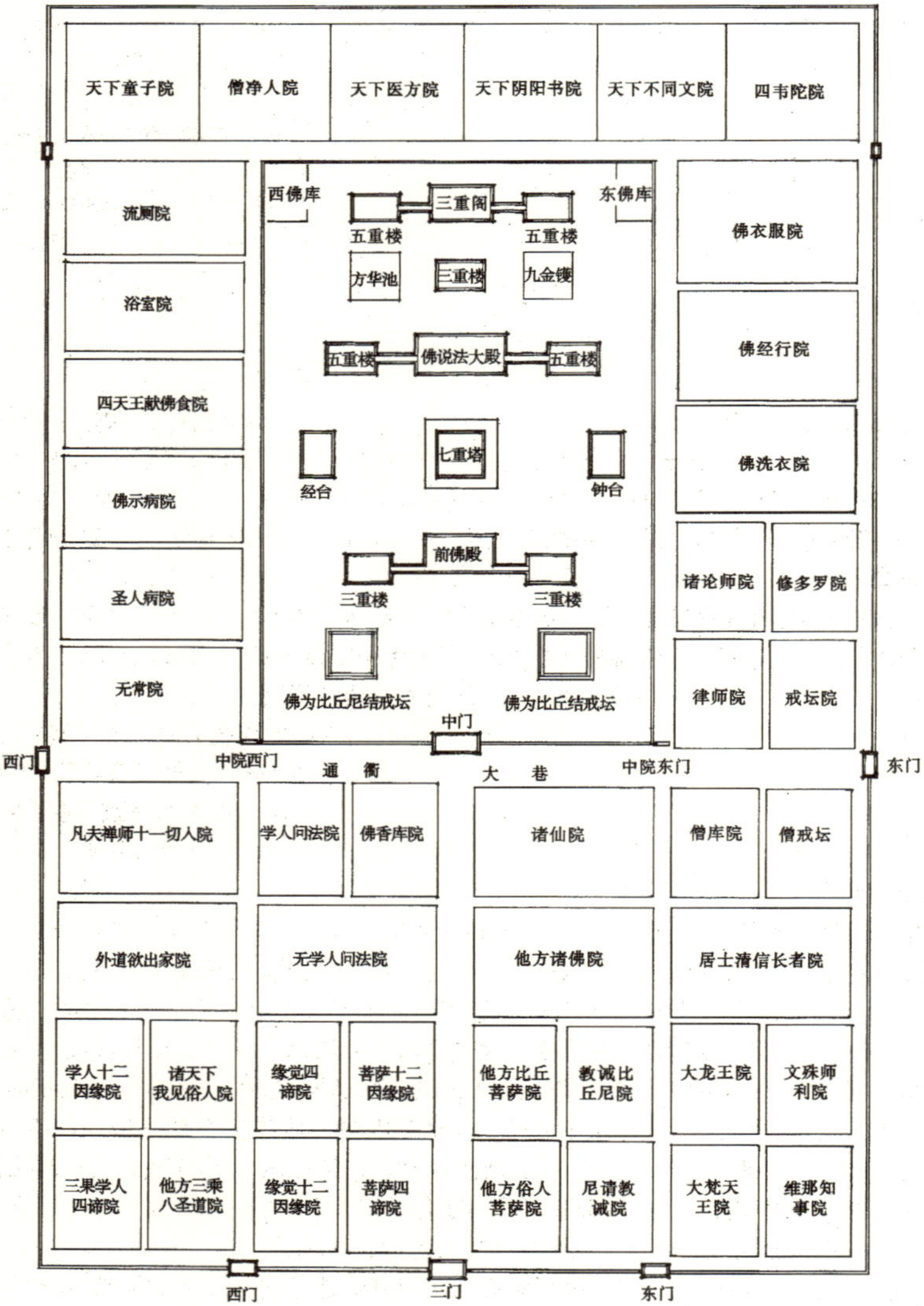

図２　中国の大規模な寺院図（戒壇図経を平面図化した図）

層仏殿、両脇に楼閣、背後、両脇に講堂、蔵経閣、鐘楼、鼓楼、その他の建築がシンメトリーに配置されている。宮殿建築に見られる構成が、そのまま寺院建築に転用されたといってよいだろう。その周囲に僧房が廻り、さらに外側に各種の小院が囲んでいた。このような寺院の構成は、後の時代にも引き継がれていった。後に成立した禅宗寺院では、僧房が無く僧堂が坐禅、食事、就寝の場となり、また後には伽藍を小院が取り囲むようになっていった。

〈日本〉

日本に初めて仏教寺院が建設されたのは六世紀末であり、七世紀から八世紀にかけて、多くの寺院建築が建設された。日本には資財帳が数本残されていて、伽藍を構成した諸建築の全容が分かる。それによると、以下のような建築が伽藍に含まれていた。僧房・食堂・講堂・塔・金堂（仏殿）・鐘楼・経蔵・その他施設など。古代の日本では、中心に金堂を置き、その前後、左右に塔・講堂・食堂などを置き、鐘楼・経蔵を同じ建築につくり左右対称の位置に置いた。[2]

平安時代以降になると、金堂などに礼堂が付設されるようになる。また中世に入ると、古代的な対称な伽藍配置は放棄された。多くの寺院の立地が山の裾野になったことも原因の一つである。そこで実現したのは、門（楼門など）、本堂（内陣、外陣からなる）、塔（三重塔、五重塔、多宝塔など）、庫裏、院家などである。院家はそれぞれ住房、仏堂、庫裏、蔵を持っていた。僧侶は院家に止住してそこで

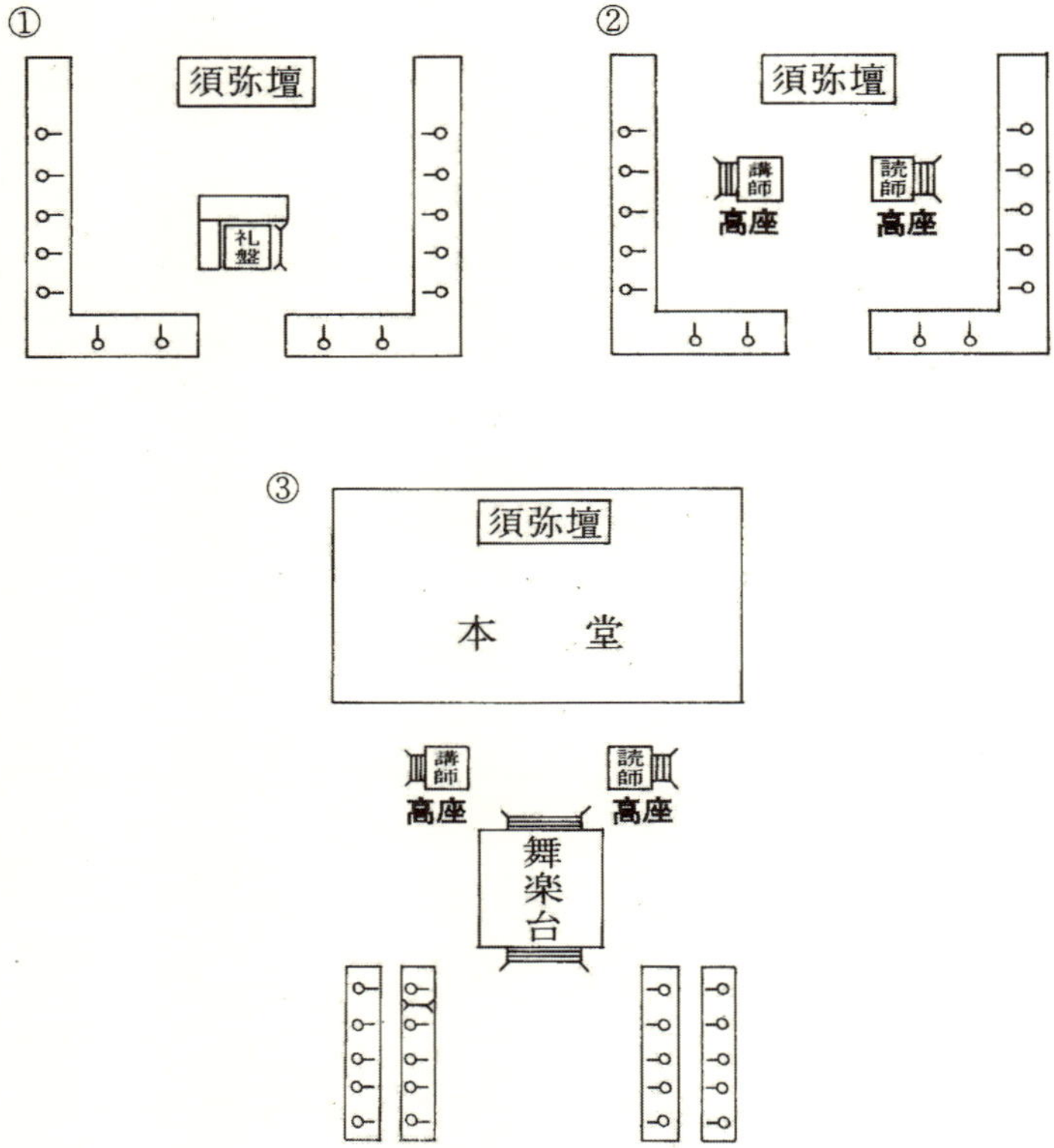

図３　原則的な法会（顕教）の設営

の宗教活動を基本として、さらに惣寺の宗教活動に参加する、という二重生活を送っていたのである。このような多くの施設が、法会の会場として機能してきたのである。なお、顕教の法会の際の原則的な設営を示す図をあげておく[3]（図3）。

二　古代の寺院――法会と建築

古代の寺院には多くの建築があり、それぞれの内部で法会が開かれていた。代表的な法会は、読経、論義、悔過、布薩などである。古代寺院の資財帳には、所蔵する道具が書き込まれているが、法会に関わる特徴的なものに次のような道具がある。

高座：講経のための装置、高い半畳ほどの床で屋根をもつ。講師、読師が上に坐して、論義を行う。講堂に置かれることが多いが、他の仏堂にも置かれることもある。

水瓶・籌・湯船：布薩を開くときの出席確認のための道具。水瓶に細い棒を立てておいたもの。籌《ちゅう》は人数分そろえていたようで、僧は各一本を手に取って聖僧に捧げた（全僧侶皆参の証拠ともなった[4]）。

奈良時代以前に寺院で開催されていた法会を体系的に把握することは困難だが、平安時代の東大寺で実施されていた法会は、以下の通りである。主たる法会が金堂、講堂、食堂で分担開催されていたことを知ることができる。(5)

華厳会	(三月十四日)	金堂
伎楽会	(四月八日、七月十五日)	金堂
夏安居	(四月十五日~七月十五日)	金堂
御斎会	(五月二日)	金堂
万花会	(六月十四日)	金堂
般若会	(九月十五日)	金堂
万燈会	(十二月)	金堂
修正	(正月一日~七日)	講堂
散節	(正月八日~十四日)	講堂
法華会	(三月十六日)	講堂
解除会	(六月二十八日)	講堂

同法供（十月十二日）　講堂
方広会（十二月十五日）　講堂
礼拝（正月一日）　食堂
節会（三月三日、五月五日、九月九日）　食堂
温室節（十二月八日）　食堂
布薩（毎月二回）　食堂

（以上、『東大寺要録』諸会章による）

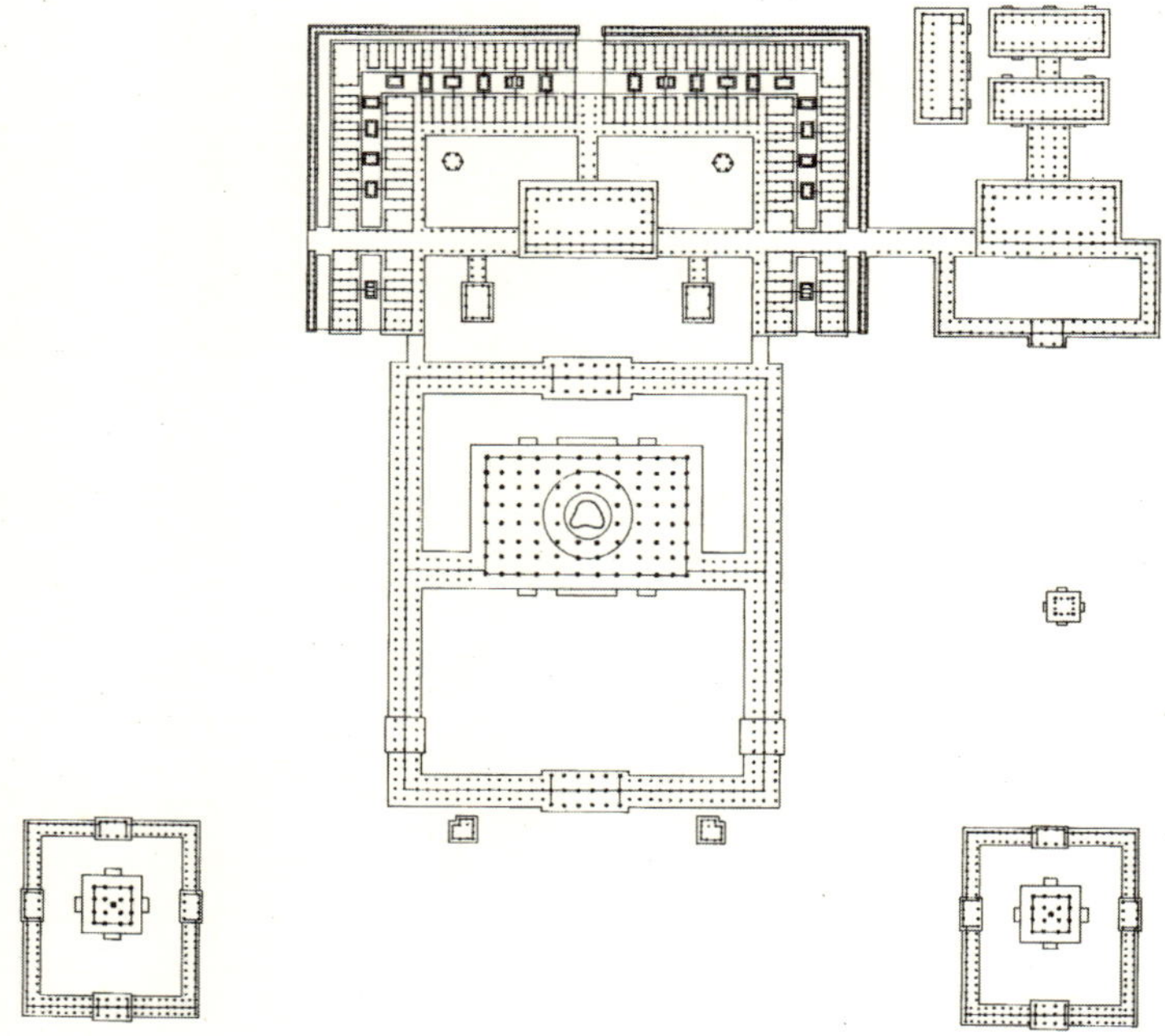

図４　東大寺創建時の伽藍図（推定）

三　密教法会の開始

空海・最澄・円仁によって、平安時代初期に中国唐から密教がもたらされた。そこで創始された代表的な密教法会は修法と灌頂である。真言宗では、伝統的な金堂を中心にすえた伽藍の一画（東寺では、南西の隅）に、修法・灌頂のための施設が新たに設けられた（真言堂・灌頂堂など）。天台宗では、円仁によって、比叡山に総持院が計画されて、真言堂・灌堂が設けられた。いずれも、幕や壁代で囲った閉鎖的な暗い空間を作り、内部に両界曼荼羅、熾盛光大曼荼羅などの絵画をかけ、大壇、護摩壇などの壇を設営した。真言堂、灌頂堂などは、いくつかの有力寺院で建設されたが、修法・灌頂の多くは、寺院の金堂、本堂その他の仏堂、宮中、貴族邸宅内部において、臨時に室礼を設けて開催された。密教法会は、中世の天台・真言宗寺院、住宅などで開催され、近世、近代、現代にまで継続的に勤修されてきた。現在では「ご祈禱」と呼ばれている。(6)

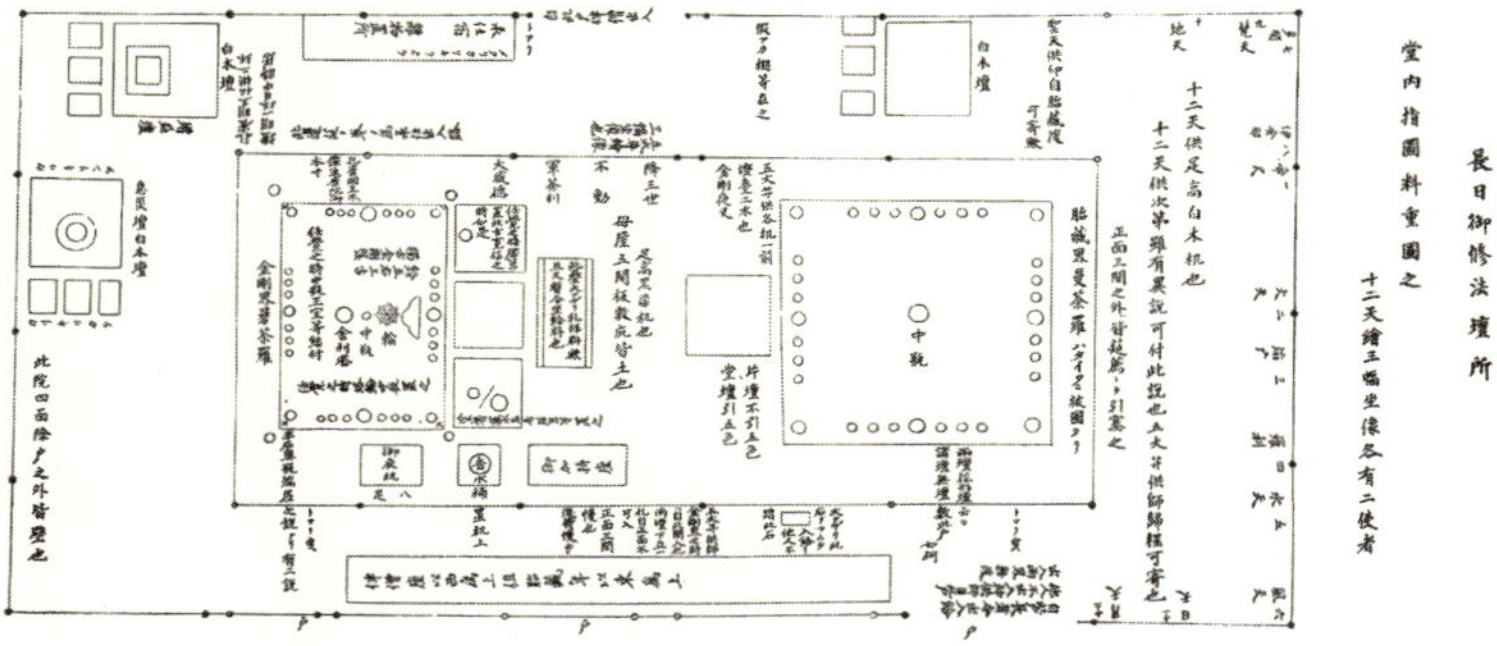

図５　宮中真言院図

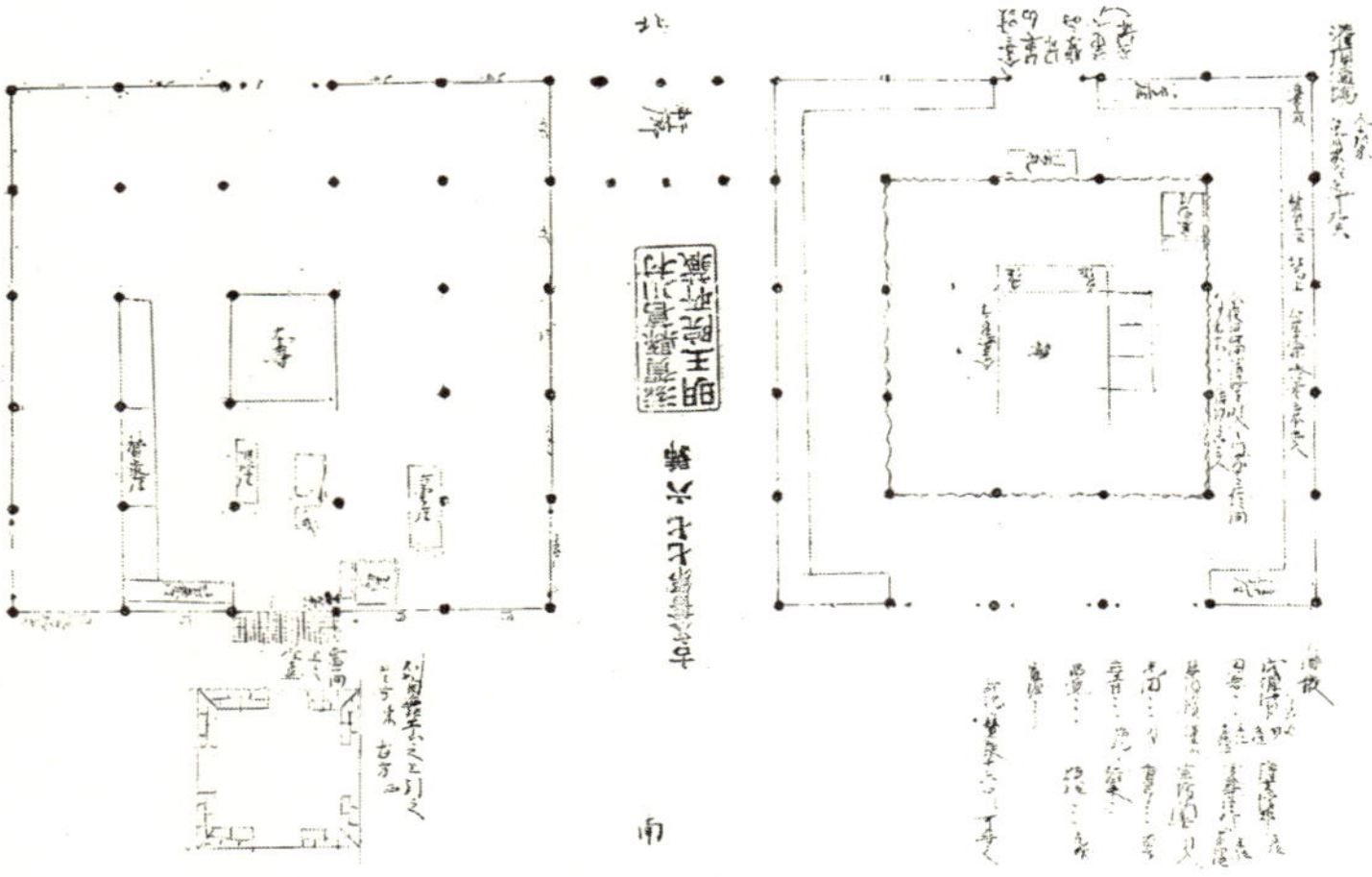

図６　比叡山惣持院図（左：多宝塔、右：灌頂堂）

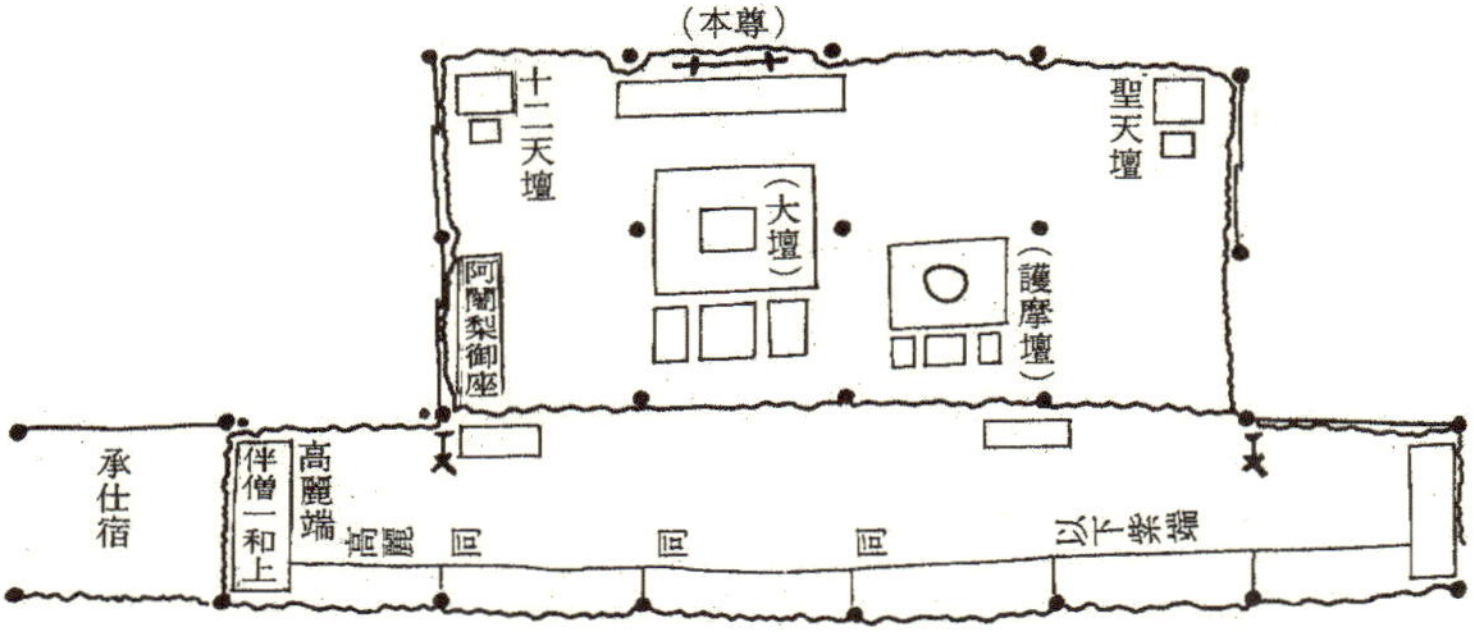

図７　今出川第寝殿熾盛光法図（貞永元年）

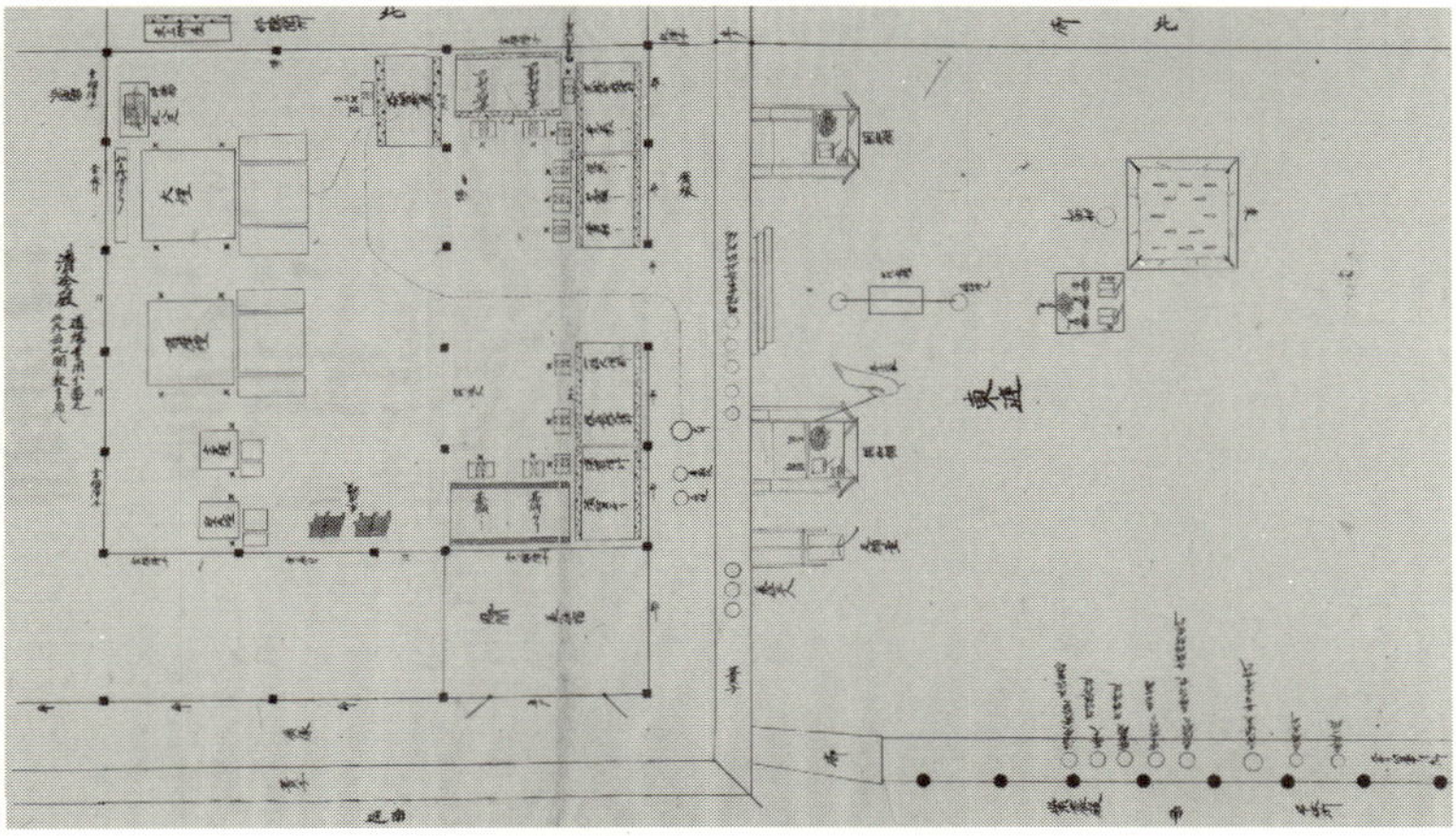

図８　宮中清涼殿仁王経法（文禄五年）

四　礼堂の創設

平安時代初期における、建築の変化のもう一つは、金堂などの仏堂の前方に礼堂《らいどう》が付設されるようになったことである。

礼堂は板敷きであり、参詣者は長時間滞在が可能となった。通夜の参籠をして「夢見」を得ること（霊験仏との交感）を目的とした。九世紀から始まる、新しい信仰形態に対応した新しい施設が付け加えられたといえよう。この新しい特徴は、平安時代を通じて継続発展し、十二世紀には、當麻寺本堂（曼荼羅堂）にみるような内陣、外陣からなる本堂建築の形式を完成させた。この内陣、外陣構成の形式は、天台・真言両密教において、全国の寺院の本堂にあまねく普及した。現在約九十棟が現存している。当時、地方の有力寺院には必ずこの形式の本堂が存在していただろう(7)。

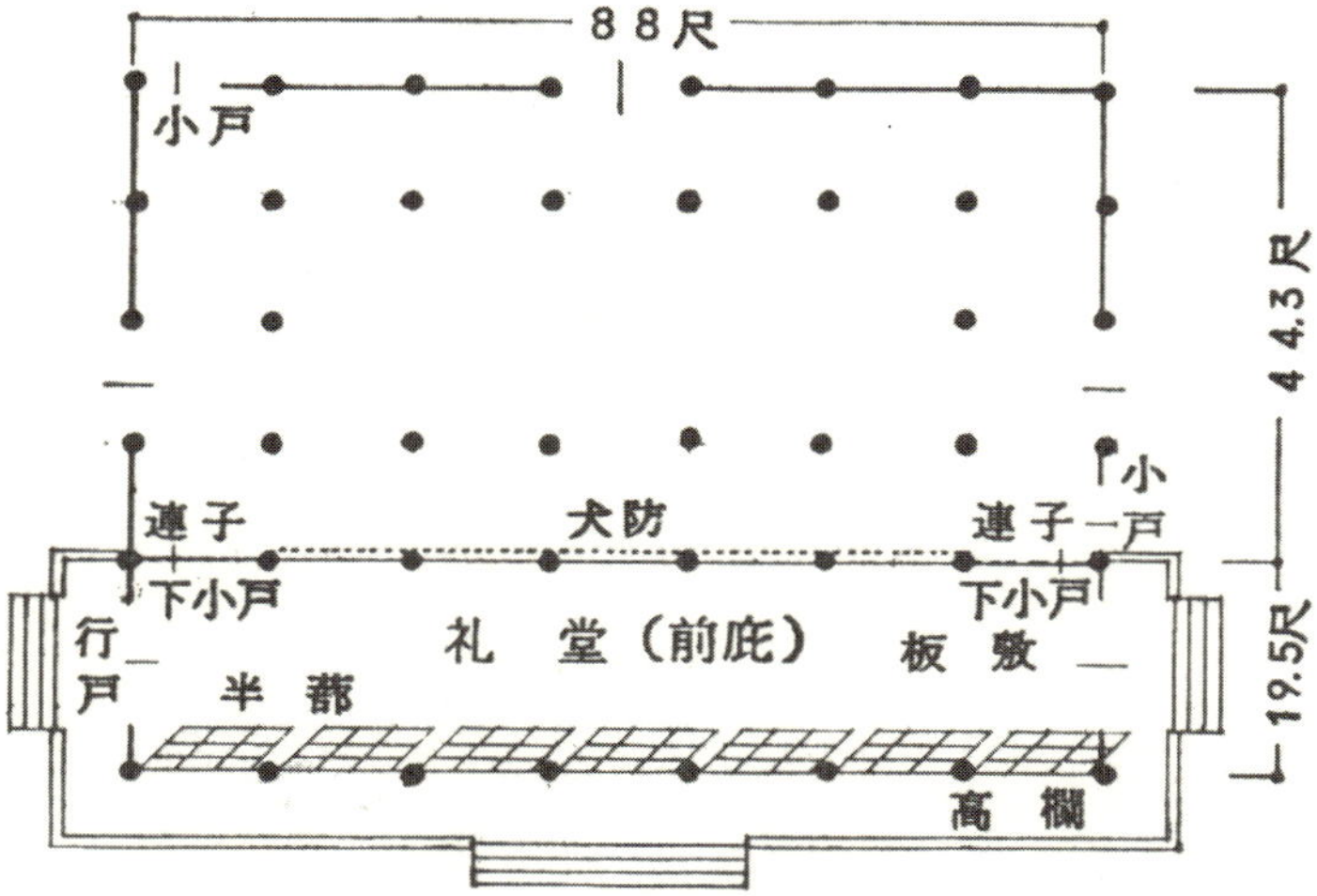

図9　広隆寺金堂復原図

図10　『石山寺縁起絵巻』巻五

五　中世の寺院——法会と建築

平安時代中期から、伽藍に講堂が設けられない例が増えてくる。下醍醐寺では、釈迦堂（金堂に相当）の前方に礼堂が設けられ、講堂・食堂はなかった。ほとんどの法会は、釈迦堂内部（正堂と礼堂）で開催された。上醍醐寺においても同様である。法会のほぼすべてが、准胝堂《じゅんていどう》（本堂）内部（正堂と礼堂）で開催された。

以下に、室町期の法会を示すが、東大寺と比べると、金堂・講堂・食堂で場所を区別して実施されていた法会の総てが、それぞれ釈迦堂、准胝堂内部で開催されたことが分かる。(8)

下醍醐、釈迦堂

元日朝拝（正月一日）※
大仁王会（正月八日）※
修二月（二月一日〜三日）※
涅槃講（二月十五日）※
布薩（毎月二度、十五日、晦日）

灌仏（四月八日）※
八講（四月十日）※
安居始（四月十四日）（中門※）
釈迦講（五月晦日）※
蓮華会（六月十六日）※
盂蘭盆（七月十四日）※
御国忌（醍醐天皇の忌日法要、九月二十八日）※
仏名（十二月十五日）
（『醍醐寺新要録』巻第六、による。※印の法会は、『醍醐雑事記』巻第三「醍醐寺年中行事」「醍醐寺一年寺要相折」にも記載されるので、平安時代末の開催が確認できる。）

上醍醐、准胝堂

修正（正月一日〜七日）※
心経会（正月十八日）
大仁王会（正月二十三日）※
布薩（毎月二度、十四日、二十九日）

仁王講（毎月三箇日）※
修二月（二月）※
涅槃会（二月十五日）※
灌仏（四月八日）※
八講（四月十日）※
安居（四月十四日～七月十五日）※
蓮華会（六月十八日）※
八講（十月一日～四日）※
仏名（十二月十五日）

（『大導師年中行事』享徳二年〈一四五四〉。『醍醐寺文化財研究所紀要』一一号、一九九一、永村眞氏翻刻、『醍醐寺新要録』巻第一、による。※印の法会は、『醍醐雑事記』巻第三「醍醐寺年中行事」「醍醐寺一年寺要相折」にも記載されるので、平安時代末の開催が確認できる。）

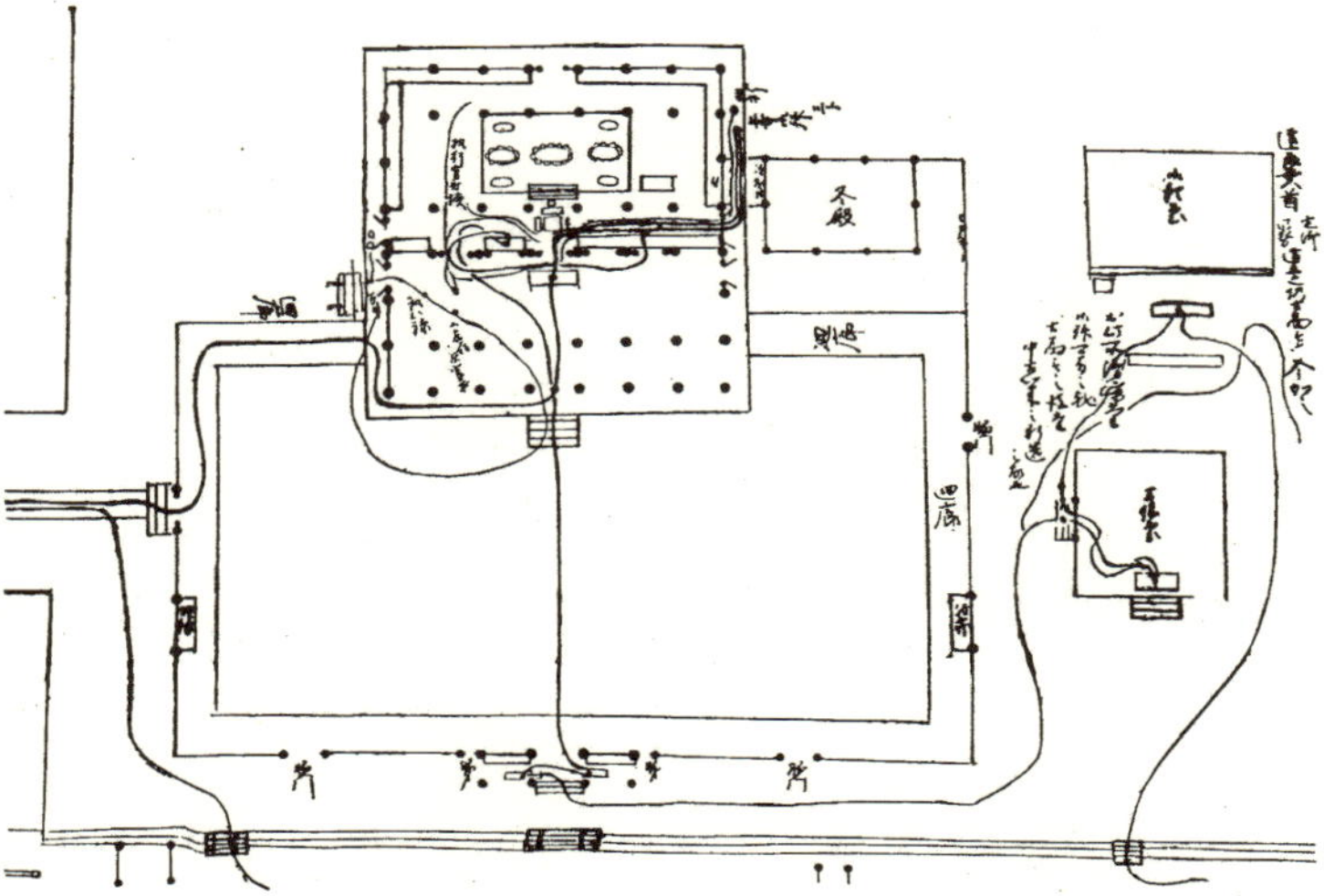

図11　下醍醐　釈迦堂図

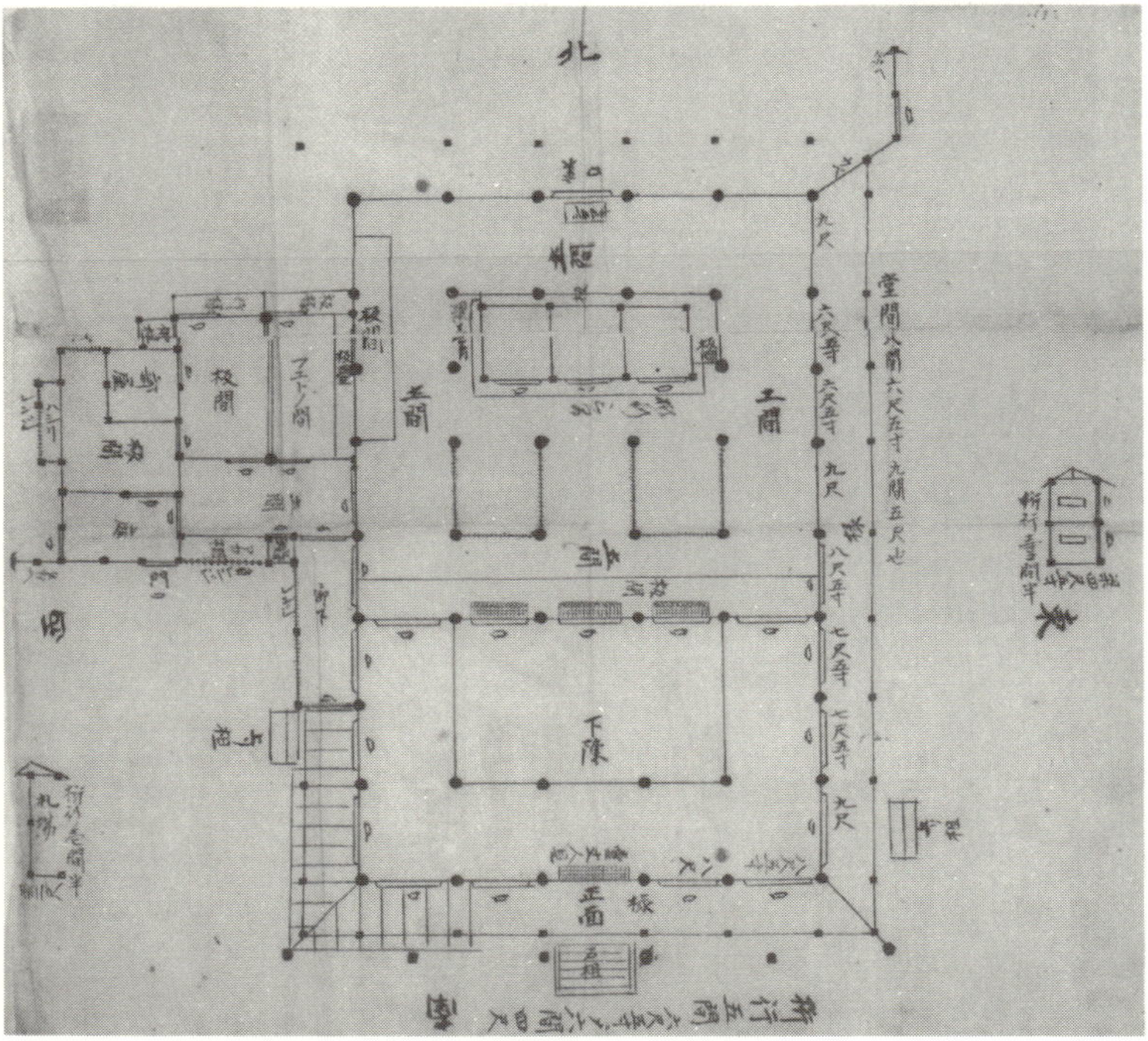

図12　上醍醐　准胝堂図

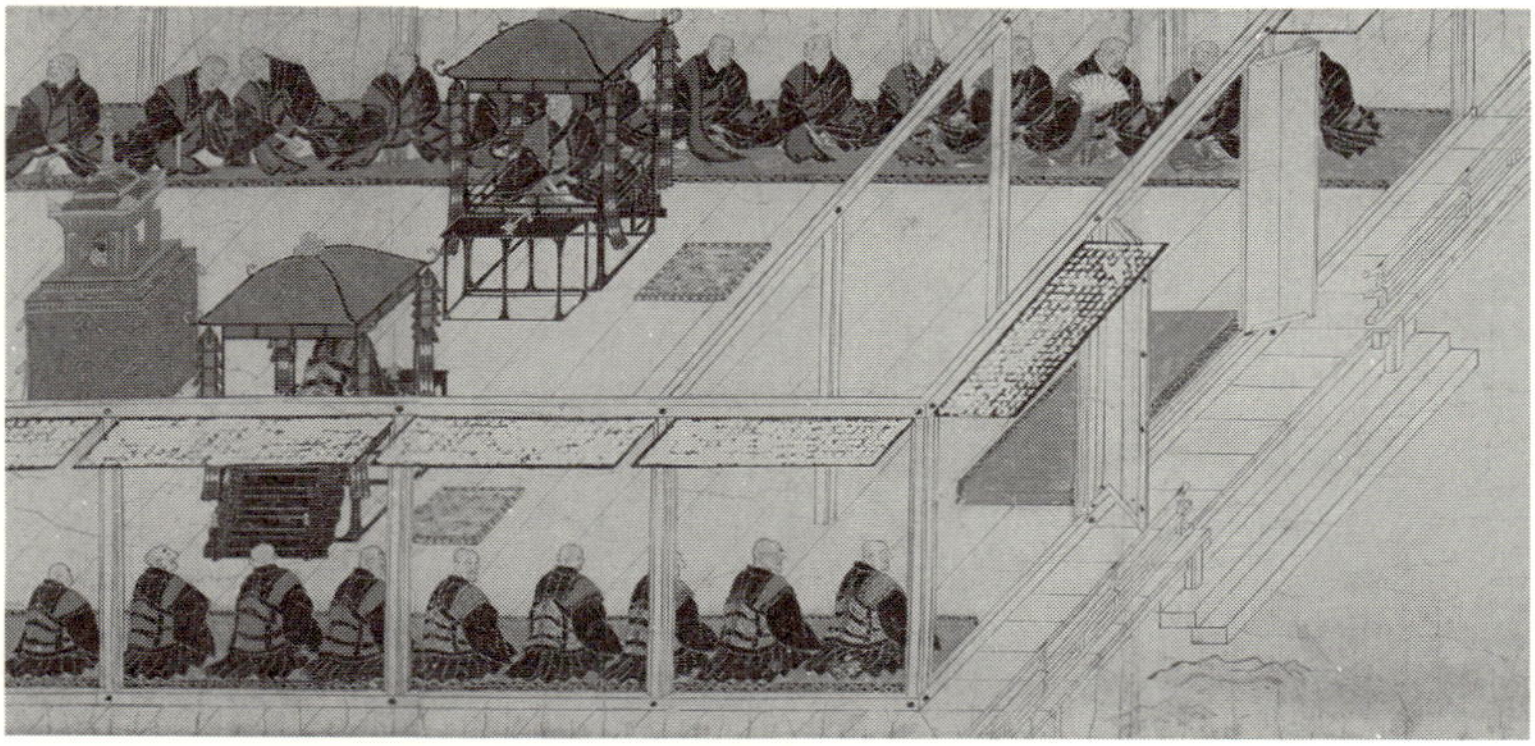

図13　『石山寺縁起絵巻』巻一　常楽会の図（礼堂に高座が設営されている）

六　祖師堂の成立

金堂、本堂とは別に仏堂を建設する場合の代表的なものは、寺院の由緒や、宗派の創立に関わる祖師らを祀る「祖師堂」である。

古くは、四天王寺の聖霊院（奈良時代）があり、後には法隆寺、広隆寺に設けられた。東大寺内にも、僧正堂（良弁）、御影堂（聖宝）があった。真言宗では、空海を顕彰する御影供が創始され、空海の御影を祀る御影堂が徐々に建設されるようになった。天台宗においても、最澄、良源（元三大師）らを祀る仏堂が建設された[9]。

浄土真宗においては、宗祖を祀る御廟がもっとも早くから成立した。現在の東西本願寺においては、御影堂は本堂より規模が大きく、様式も格上であるようだ。

図14　高野山壇上伽藍　御影堂

図15　西本願寺　御影堂

七　禅宗における僧堂、律宗における僧堂

中世初期に中国から導入された禅宗においては、特有の「清規《しんぎ》」に従って、寺内の生活が規則化されていた。それがもっとも集中的に表現されたのが、禅宗の僧堂における各種作法であった。僧堂内部において坐禅を行うのは当然として、就寝、食事も同所で行った。極めて厳格な修行道場であった。同時期に中国から将来された律宗においても、僧堂における食作法は大切なものと認識されていた。僧侶たちの皆参する「僧食《そうじき》」の作法は、僧侶集団が戒と律を確認する作法として、律宗でももっとも基本の作法として認識された。このような作法のための施設は、泉涌寺、西大寺、東大寺戒壇院、唐招提寺などでは「僧堂」と呼ばれ、禅宗の僧堂に通ずる形式を持っていた（ただし、別に僧房が確認されるから寝所はそちらだっただろう(10)）。

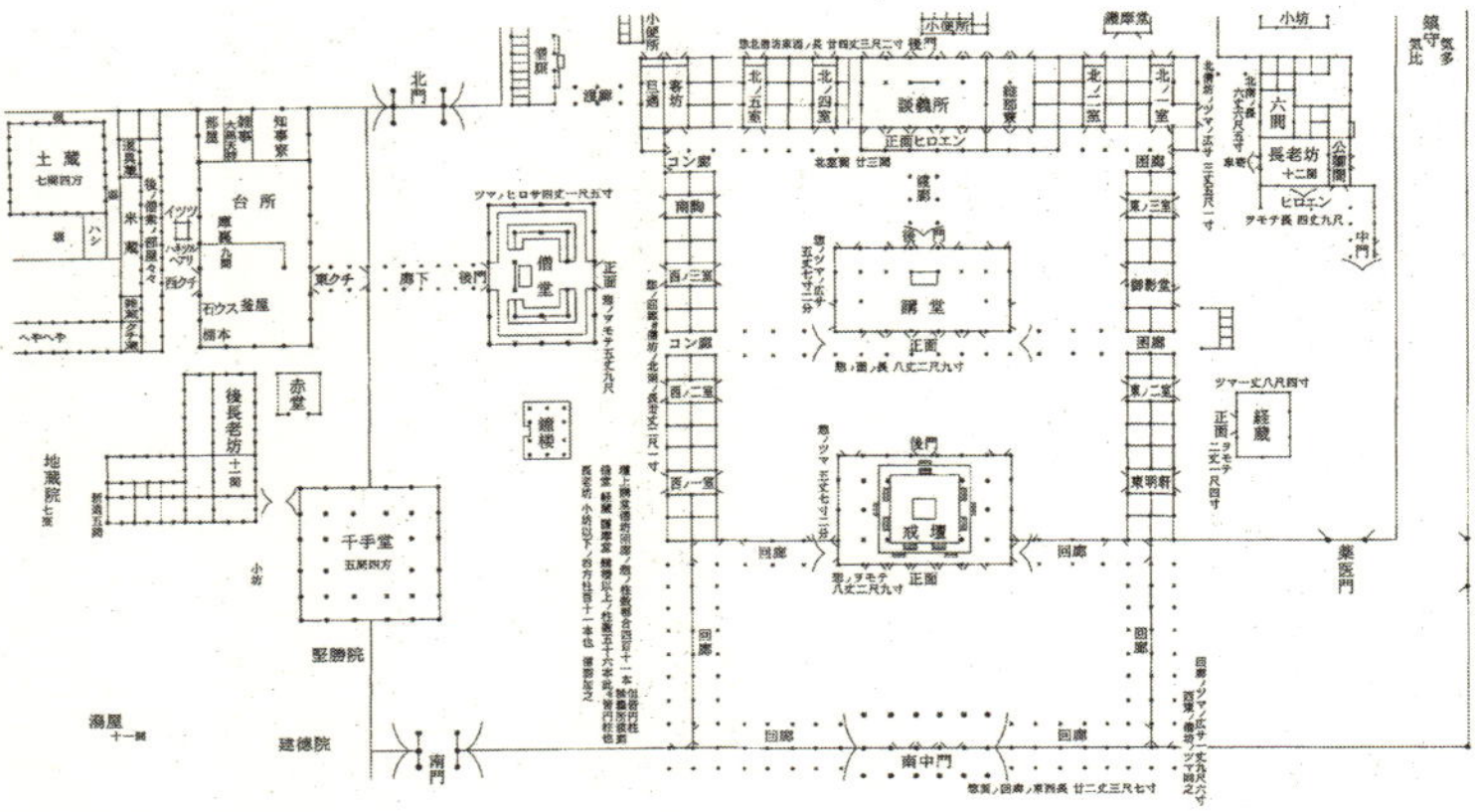

図16　東大寺戒壇院図（室町時代）

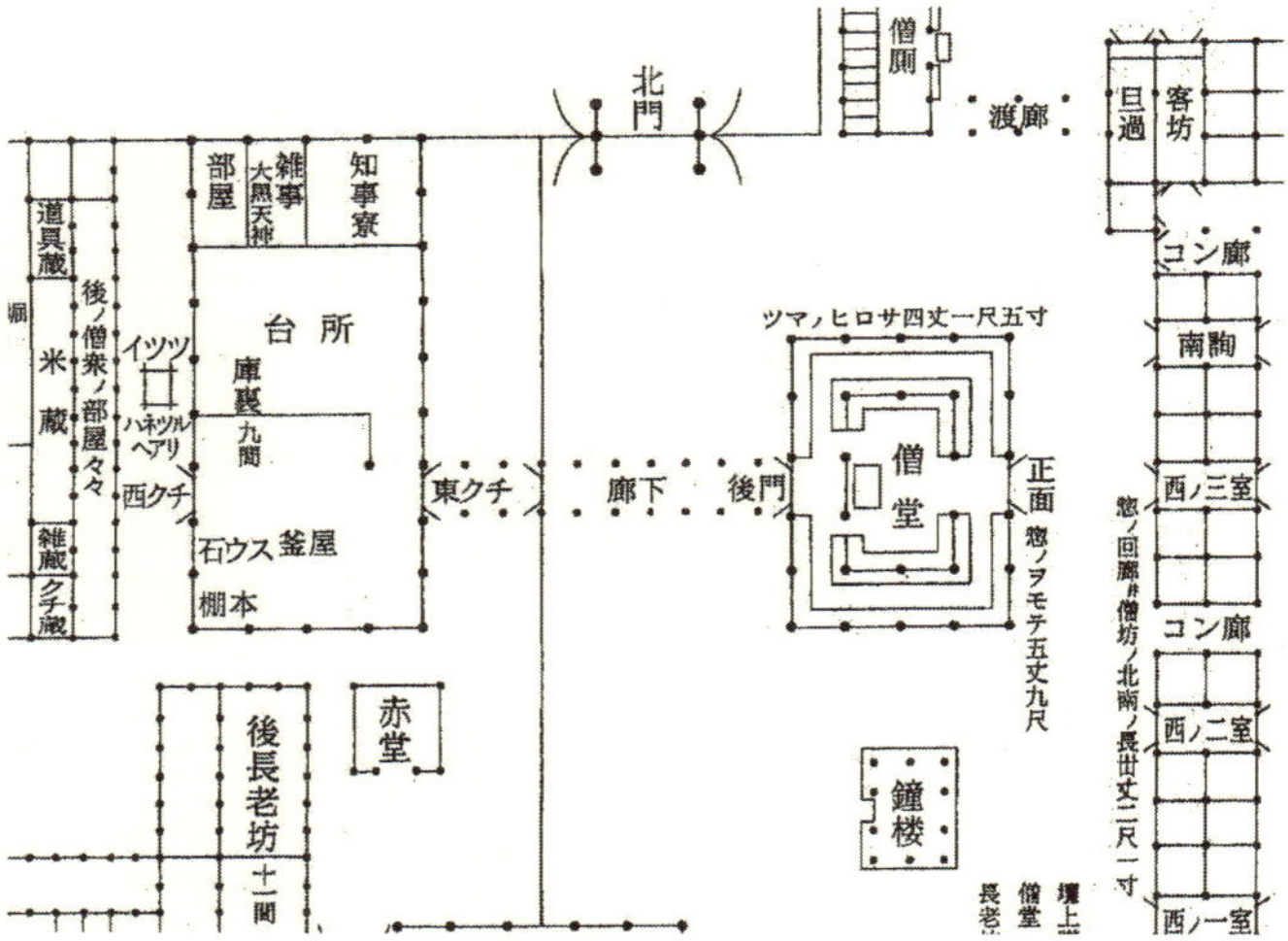

部分拡大

註

(1) 佐々木閑『出家とはなにか』(大蔵出版、一九九九年)。
(2) 藤井恵介「仏教寺院の形成と機能」(末木文美士他編『仏教の事典』朝倉書店、二〇一四年)。
(3) 佐藤道子「法要の形式と内容」(横道萬里雄・片岡義道監修『声明辞典』法藏館、一九八四年)。なお、『声明辞典』は法会の具体的な内容を解説した唯一の書籍である。
(4) 奥健夫「東寺伝聖僧文殊像をめぐって」(『美術史』一三四号、一九九三年)、藤井恵介「醍醐寺における布薩と仏堂」(『密教建築空間論』中央公論美術出版、一九九八年、初出は一九九四年)、上原真人『古代寺院の資産と経営』(すいれん舎、二〇一四年)。
(5) 永村眞『中世東大寺の組織と経営』(塙書房、一九九〇年)。
(6) 藤井恵介『密教建築空間論』(中央公論美術出版、一九九八年)、速水侑『平安貴族社会と仏教』(吉川弘文館、一九七五年)。
(7) 井上充夫『日本建築の空間』(鹿島出版会、一九六九年)。藤井恵介「夢見と仏堂」(『空間史研究叢書1 痕跡と叙述』岩田書院、二〇一三年)、藤井恵介「礼堂・板敷・夢見」(久保智康編『日本の古代山寺』高志書院、二〇一六年)、酒井紀美『夢の日本史』(勉誠出版、二〇一七年)。
(8) 山岸常人『中世寺院社会と仏堂』(塙書房、一九九一年)。
(9) 佐藤道子「祖師会の史的研究」(『芸能の科学』九、芸能論考Ⅳ、一九七八年)、川上貢「弘法大師御影堂について」(『日本建築の特質』中央公論美術出版、一九七六年)、藤井恵介「聖徳太子の建築」(石田尚豊他編『聖徳太子事典』柏書房、一九九七年)。
(10) 藤井恵介「律宗における僧食と僧堂」(国立歴史民俗博物館編『中世寺院の姿とくらし』山川出版社、二〇〇四年)。

図版一覧

図1　サンチー遺跡図（宮治昭『インド美術史』吉川弘文館、一九八一年）
図2　中国の大規模な寺院図（戒壇図経を平面図化した図）（傅熹年主編『中国古代建築史　第三巻』中国建築工業出版社、二〇〇一年）
図3　原則的な法会（顕教）の設営（佐藤道子「法要の形式と内容」『声明辞典』注3）
図4　東大寺創建時の伽藍図（推定）
図5　宮中真言院図（「永治二年真言院御修法記」『続群書類従』二五下）
図6　比叡山惣持院図（左：多宝塔、右：灌頂堂）（『葛川明王院史料』吉川弘文館、一九六四年）
図7　今出川第寝殿熾盛光法図（貞永元年）（藤井恵介『密教建築空間論』注6）
図8　宮中清涼殿仁王経法（文禄五年）（醍醐寺所蔵）
図9　広隆寺金堂復原図（井上充夫『日本建築の空間』鹿島出版会、一九六九年）
図10　『石山寺縁起絵巻』巻五（石山寺所蔵）（『日本絵巻大成18　石山寺縁起』中央公論社、一九七八年）
図11　下醍醐　釈迦堂図（醍醐寺所蔵）
図12　上醍醐　准胝堂図（醍醐寺所蔵）
図13　『石山寺縁起絵巻』巻一　常楽会の図（石山寺所蔵）（『日本絵巻大成18　石山寺縁起』中央公論社、一九七八年）
図14　高野山壇上伽藍　御影堂（筆者撮影）
図15　西本願寺　御影堂（筆者撮影）
図16　東大寺戒壇院古図（室町時代）（東大寺所蔵）（『奈良六大寺大観九　東大寺一』岩波書店、一九七〇年）

薬師寺の法会

弥《み》勒《ろく》縁《えん》日《にち》

薬師寺では大講堂にて弥勒縁日法要を毎月第三日曜日に勤修しています。平成十五年に大講堂が復興されたのを期に、法相教主弥勒如来のご宝前で研学を進める法要として新たに次第を定めました。

次第は解脱房貞慶《げだつぼうじょうけい》（一一五五～一二一三）が著した『弥勒講式』を基にしていますが、参拝者全員に次第本を貸出し、弥勒如来を讃える場面では金鼓を打ち鳴らしながら堂内の参拝者も全員で声を揃えて讃嘆《さんたん》の言葉を唱えるなど、仏教に詳しくない方にも法要に参加して頂く為に、現代風に次第を付け加えています。

大講堂内陣は色彩豊かに荘厳されており、研究により復元した奈良時代の節回しの声明も相まって、荘厳な雰囲気の中にも華やかさが感じられます。

また論義台に登高座《とうこうざ》し、月毎に異なる論義を勧めます。法相宗における論義は慈恩会《じおんね》のページ（四六頁参照）で解説しているとおり非常に重要です。論義は難解で一度で会得できるものではないだけに、何度も繰り返す論義によって教えを薫習《くんじゅう》するという教義の実践として意義深いものです。

講式が過去の資料や研究対象としてではなく、法要の形式として活用され継続されていくことは、講式研究に寄与されるものであると同時に、仏教研究の社会への還元の好例ともいえるのではないでしょうか。

解説＝加藤大覺（薬師寺）
写真提供＝薬師寺

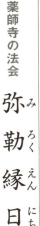

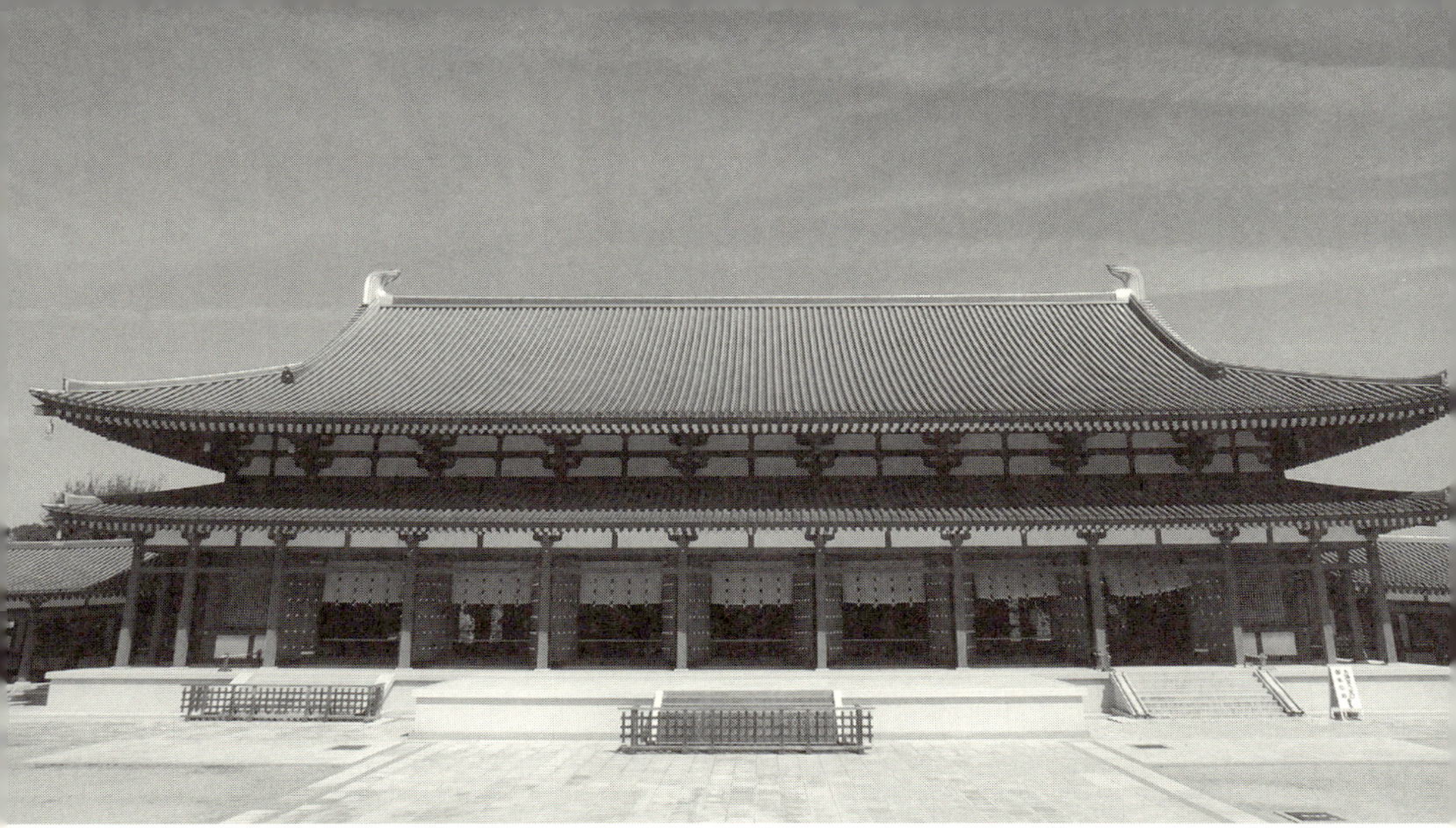

第Ⅲ部

僧の生活と持律

ポール・グローナー

北嶺の戒律

――実導仁空を中心に――

ポール・グローナー（Paul Groner）

一九四六年生まれ、アメリカ・サンフランシスコ出身。リード大学卒業、イエール大学大学院修了、現在、ヴァージニア大学名誉教授。博士（Ph.D.）。専門は仏教学。

主要著書・論文

Saichō: The Establishment of the Japanese Tendai School. University of Hawaii Press, 2000.

Ryōgen and Mount Hiei: Japanese Tendai in the Tenth Century. Honolulu: University of Hawaii Press, 2002.

「日本天台における戒観」（大久保良峻編『天台学探尋』法藏館、二〇一四年）

「『法華経』と円頓戒」（『東洋の思想と宗教』第二六号、二〇〇九年）

ほか多数。

一　はじめに

天台宗における戒の解釈は、十三世紀までに最澄（七六六あるいは七六七〜八二二）の本来の見解から大きく変化してしまっていた。安然（八四一年生）は、天台僧の授戒に用いられる正式な戒は梵網戒という主張を弱めて、あらゆる戒の根本に密教の三昧耶戒が存在すると提唱していた。さらに、『法華経』の文が正式な戒として用いられるという主張も一般的で、その結果、弛緩した戒行の解釈が生じることになった。

それと同時に、天台の戒に対する新たな挑戦が様々な形で奈良の僧の間から起こってきた。貞慶（一一五五〜一二一三）は、天台の主張に巧みに挑戦し、律の復興運動に参加した。他の議論は著名な律宗の学僧である凝然（一二四〇〜一三二一）の手で進められた。凝然は大乗の教義との一致を強調するために律宗の見解を更新し、さらに天台宗が正統な律を授ける儀式と天台文献を日本にもたらした中国人僧、鑑真（六八七～七六三）の解釈に反していると提唱した。叡尊（一二〇一～一二九〇）は、真言律宗を樹立することで律の血脈と尼僧の制度を復興し、数多くの人々を対象に授戒を実施した。[1]

これらは、十三、十四世紀の天台の戒解釈にいくばくかの歴史的背景を供給するが、筆者は特に実導仁空（一三〇九～一三八八）に注目する。仁空は京都に位置する天台寺院である廬山寺と、同じく京都西部の丘陵に位置する浄土宗西山派の本山、三鈷寺で住持をつとめた人物である。天台宗の中でも、もっとも研鑽を積んだ明晰な思想家の一人で、天台、密教、浄土教、戒に関する著述を残した。仁空とその門人に関係する著作は、『天台宗全書』と『続天台宗全書』、および『西山全書』の中でもかなり大きな部分を占める。住持と有能な教育者であることと同じく、その戒に関する著作も戒と受戒の研究を通じて戒行を復活させようとする真剣な努力を示している。仁空の著作には、講義、注釈書、論義の手引き、規則一式がある。そして『新学菩薩行要抄』のような、上記の寺院のために仁空が記した規則のリストは、時には中国人律師、南山道宣（五九六～六六七）による寺院の各種手続きの規則を踏まえて作られた。[2]自らの解説の中では、仁空はしばしば律の要素を用いたが、正式に僧に戒を授けるとなると、計五十八の『梵網経』の戒を常に用いた。それより少ない数の戒は、在家信者ないし初学者（沙弥）のために用いられた。[3]本稿は、仁空がどのように日本天台の見解を定義したか考える上で中核となる二つの問題点、すなわち、①律の「小乗」戒と菩薩戒の関係、および②戒体の問題に注目し、一三七〇年頃に書かれた二冊の書物に焦点を当てる。

二　小乗戒と大乗戒

(1) 日本天台に対する挑戦――俊芿

この話題について議論する前に、俊芿（一一六六～一二二七）が引き起こした日本天台に対する挑戦について、ごく簡単に論じておくのが望ましいだろう。何故ならこの俊芿が、中国の天台（Tian-tai）と日本の天台（Tendai）がお互いに大きく異なる受戒の伝統を持っていた事実を十分に明らかにしたからだ。十代の間、俊芿は天台の顕密両師に就いて学んでいたが、十九歳で『四分律』の授戒に関連する公認の戒壇の一つ、太宰府の観世音寺において戒を受けた。俊芿は戒を巡る見解の不一致に悩まされた。奈良のいくつかの寺院で学んだ後、戒行の衰退を嘆き、その学習のために中国へ渡ることを決意する。一一九九年に日本を離れ、その後、日本へ戻ってきた同時代の僧の誰よりも長い十二年もの時間を中国で過ごした。俊芿は実に様々な場所を旅したが、特に天台に魅了され、四明山の天台寺院で如庵了宏（一二〇〇～一二一一頃活躍）(4)に師事し研鑽を積んだ。俊芿の興味は、彼が日本に持ち帰った文献にも反映されている。すなわち、戒に関する大小乗の文献三二七巻、天台の著作七一六巻、華厳の注釈書一七五巻、儒教と道教の著作二五六巻、それ以外の文献四六三巻である。これは同時代の中国仏教文献の主要な蔵書の一つであったと思われる。合わせて、律師、南山道宣（五九六〜六六七）と霊芝元照（一〇四八〜一一一六）の肖像もその中に含まれていた。(5)

俊芿が持ち帰った文献の中に、律に関する道宣の三つの主著に対する霊芝元照の包括的な注釈書があった。元照は、天台、浄土教、および『四分律』の戒の混合を提案した天台師であった。その元照が『四分律』の戒解釈の中で行った重大な変更の中に、それらを『法華経』の立場から見るということがある。そうして、『四分律』の戒も大乗の修行と理解できるという見方を維持した。元照は、自らの宗を、天台と華厳の両方の意味を持つ「円宗」の語で呼んだ。『四分律』の受戒は菩薩戒を具現化すると考えられた。俊芿が元照の著作を日本に持ち帰った時、それらは律宗の僧に向けて開示され、奈良の僧が長らく議論してきたある事柄を立証した。すなわち、戒に関する日本天台の見解は、先行する中国天台のそれと全く一致していなかったのだ。

日本に戻ってくると、俊芿は仙遊寺を与えられた。一二一八年、彼はこの寺を修繕し、泉涌寺と改名する。泉涌寺は中国の天台、密教、浄土教、そして律を兼学するための総合施設であった。俊芿は、南宋寺院の管理機構、特に天台山にある著名な天台寺院、国清寺の管理機構を用いた。(6)また、寺院のための資金を集める間に皇族の後援をとりつけ、泉涌寺は天皇家に属する多くのものにとっての菩提寺となった。これ以上、詳しく説明しなくとも、日本の天台の受戒ないし戒観に対する挑戦は明白と思われる。だが、その違いを天台と律宗の見解の単なる二者択一と見ることはできない。俊芿が中国の律の専門家に提出した五十三の質問をまとめた『律宗問答』では、一つ一つの質問は普通、批判的な姿勢をあらわす「難」の字から開始される。(7) また、俊芿は僧に戒を授けるために律を用いたと思われるが、おそらくは正しく受戒した十人の僧の不足から、自誓受戒を受戒の血脈の復興のために用いることになった。そのことから俊芿は、これらの教えが泉涌寺に持ち来られたこと、そして、泉涌寺の見解に賛同する慧思（五一五～五七七）および智顗（五三八～五九七）の文が引用されてきたことを手短に述べる。こうして、俊芿と泉涌寺の組織は、日本天台の戒理解に対する重大な挑戦を提起したのである。

仁空は明らかに泉涌寺の発展に深く通じていた。ある箇所では、泉涌寺の僧が元照の名前の前に付された霊芝の字を一般的な「レイシ」ではなく、「リンシ」と正しく発音していたと記している。(8) 別の箇所では、仁空自身が泉涌寺で行われた、半月に一度の集まりの作法（布薩）に深く通じていたことを証明している。(9)

泉涌寺の僧が起こした挑戦は、『暁示鈔』のような文献のかなり多くの部分が、何故、小乗の戒と大乗の戒の違いに関する解説に割かれるか説明する手助けとなる。その解説は、単に最澄の見解を反復すれば良いものではなく、天台の内外から発せられた新たな説得力ある批判から宗派を守るものであった。本稿の二つの主題も、それらが中国の天台と日本の天台の違いに焦点を当てることから選ばれている。筆者は、仁空のある文献、すなわち円頓戒に関する全十回の講義をまとめた『円頓戒暁示鈔』に注目している。この『円頓戒暁示鈔』は仁空の別の文献、とりわけ論義テーマに基づいた著作である『戒珠抄』により補完される。対抗する宗派、特に天台黒谷流と律宗の文献に対しても、折りにふれて参照が為されている。

律もまた大乗の行として持たれると信じるものは蔵教と通教、ないし最澄に敵対した奈良の宗派の七人の指導者（僧統）が奉じたものとほぼ同じ教えに随順していると、仁空は主張した。[10]このような人間は、あらゆる仏教徒は同じ戒を共有するという小乗および通教の考えに執し、どのような考えが奉ぜられるかに合わせて、守られる戒も異なるという別教と円教の見解を許さなかった。泉涌寺の僧は、それにより律と大乗の教えは首尾一貫するという解釈を主張することも可能となったであろう、『法華経』の開会という教えの解釈学的アプローチを誤解していると言われた。仁空とその門弟はまた、泉涌寺の僧は『涅槃経』の扶律の教えを誤解してきたとも主張した。[11]以下、その両方について検討を試みる。

(2)『法華経』と開会のアプローチ

日本天台の見解にとって重大な問題とは、中国の天台僧がまったく異なる解釈と作法を用いていたということだ。このことは、鎌倉期に元朝の支配から逃れた中国人僧が流入したことによって、あるいは栄西（一一四一～一二一五）のような中国で学んだ日本人僧、また宝地房証真（十二世紀後半）のように中国の伝統を注意深く検討した日本人僧から明らかとなったに違いない。事実、仁空は、釈尊が声聞である迦葉に話しかけ、「あなた方が行うのは菩薩の道です。徐々に行い学ぶことで、皆、必ず成仏します」（汝等《カ》所行《ハ》是《レ》菩薩《ノ》道《ナリ》。漸漸《ニ》修学《シテ》悉《ク》当《ニ》㆓成仏《ス》㆒）と言った『法華経』の文に、中国の天台僧が依拠していたことを書き留めている。[12] これは、小乗の教えは大乗の教えに開会されるという、中国天台の見解の土台となった。しかし、妙楽湛然（七一一～七八二）の時代に入ると、法華超八の立場が盛んになることから、異なる解釈が徐々に登場する。

天台宗黒谷流の僧も、奈良の僧と俊芿が『法華経』の同文に、小乗の戒も大乗とみなされるとする自らの解釈の基礎を置いたと主張した。しかしながら、日本天台宗の僧侶は、戒に関して天台が開会のアプローチを用いることはないと主張した。その代わりに、梵網戒が直往円頓戒であり、開会のような解釈を一切必要としなかった。[13] 円戒は、いかなるヒエラルキー、いかなる連続・継起的なものとも無縁（不次第）であった。

仁空は、教義の違いは会することが出来るという考えに間違って執着することで、権と実の区別がないがしろにされると主張した。さらに、小乗と大乗の戒の重要な違いが無視されるだけでなく、定と慧における両者の違いも無視されるだろう。そのような見解は、あわや、一心三観や一念三千の排除にも繋がりかねない。何故なら、これらの教えは小乗の無常観の外にあったと思われるからだ。[14]

小乗と大乗の戒の違いに関する『暁示鈔』の議論は、三周説法の解釈に関する考察で締めくくられる。これらは伝統的に、声聞の宗教的な素養と、説教で採用されたアプローチを示すために並べられたのだが、いずれの場合も、小乗の修行者は一乗を紹介され、その教えに転向した。仁空は、これに関する自らの見解を次のとおり概説する。

鹿苑《ロクオンノ》昔《シ》受《ケタリシ》二声聞戒《ヲ》一人也。方等・般若《ノ》時《マテハ》雖《モ》レ列《ルト》二大乗《ノ》会座《ニ》一、止宿草庵《ノ》思《ヒ》未《タ》レ改《メ》。[15]大戒《ノ》受持不《ル》レ可《カラ》二思《ヒ》寄《ル》一歟。至《リテ》二法華会上《ニ》一預《カリ》二開顕《ニ》一、会小入大《セン》時《ハ》、前受《ノ》律儀《カ》依《リテ》二円実《ノ》妙解《ニ》一転《シテ》成《リ》二一乗《ノ》妙戒《ト》一ケル歟。[16]

最初に、この物語は、声聞が先ず小乗の戒を受けて、それらが後に菩薩戒と解釈されたことを示唆していると思われるが、仁空は、彼らが実際には遠い過去に菩薩戒を受けており、自らがそうしたことを廃忘していたと主張する。[17]仁空は、「円実妙解」に言及する際に、唯一の行はすべての行であり、すべての行は唯一の行という教えに触れる。[18]このように、日本の天台行者は、先ず菩薩戒を受けるということから始まるパターンが、便宜的な理由から、後に権の小乗戒を受ける可能性と共に維持される。[19]しかし、仁空は仮受小戒を実行しなかった。

(3)『涅槃経』の役割

中国天台の釈義学者により、『涅槃経』は律を支え、永遠の仏陀を説いている（扶律談常）とみなされた。この巨大な文献には、苦行を擁護する規則や一闡提の殺害の正当化等、戒行に関する実にさまざまな見解が見られるが、中国と日本の天台僧の両方に関わる見解は、「律の戒は、出家菩薩の律儀として守られるべきである」[20]と解釈された主張であった。また、照遠（十三世紀半ば）や凝然、それ以外の律宗僧は、律は大乗の視座から解釈されうるという主張を支援するために、この重要な天台の文献が律を支持しているという主張を引用したのだろう。このように、永遠［の仏身］を論ずる［あるいは理解する］ために、小乗の律が必要だったという意味で、彼らはその句を読んだのだろう。[21]対照的に、仁空は『涅槃経』の二つの主題を簡便に述べているとしてその文を読んだ。すなわち、律を支え、永遠の仏陀を説くことで、第一の項目を第二の項目につながるものとは考えない。こうして仁空は、権である小乗戒の受戒にあてはまるものと、扶律（律を支える）の意味を限定した。[22]

しかしながら、仁空は小乗の戒を完全に退けはしなかった。彼は湛然が『摩訶止観』に対して、「涅槃ノ中ノ五篇七聚ハ、並ヒニ是レ出家ノ菩薩ノ律儀ナリ」[23]と注釈したことを書き留めている。智顗『法華文句』の注釈の中で、湛然は次のように記した。

出家菩薩具二足堅三持スル毘尼篇聚ヲ一、大乗教ノ意一切皆然リ。但シ護ルコト二篇聚ヲ一於二彼ノ梵網ノ八万ノ律儀ニ一、未タレ為サ二持

相《ト》一。但《シ》此《ノ》土《ハ》器劣《ナレハ》且《ク》以《テ》二小検《ヲ》一助二成《ス》大儀《ト》一。(24)

ところが、湛然はさらに小乗と大乗の戒の違いは重要と記した。その違いには、規則それ自体に関するものと、懺悔の規定に関するものがある。これらの論点は、自らの寺院の規則の中で律と道宣の注釈書の作法に自由に言及するが、僧の授戒については、いまだ梵網戒の優越を支持していた仁空にとって非常に重要であった。彼の寺院の規則に登場する布薩、夏安居、出家僧が集まりに参加出来ない時に、代理人を用いる（与欲）といった話題は、すべて律に依拠していた。

これらの文章は、中国の天台が日本と違う受戒の作法を用いていた事実を浮き彫りにする。仁空は新しい主張を提出し、慧思と智顗が何故、小乗の戒を用いたか説明する。最澄はこの問題をはっきり取り扱うことは決してせず、『顕戒論』の中でもっともらしく言い逃れる道を選んだ。仁空は、初期の中国の天台師は権の意で小乗の戒を用いていた、何故なら仏教はそれほど昔から中国に存在したわけではなく、『梵網経』の全文も未だ漢訳されていなかったからと主張した。「初めから、中国は三乗が共に学ばれる国であった。こうして、慧思と智顗は声聞の威儀にならった。こういう理由から、この国の僧は大乗と小乗の間に差異をもうけなかった。」（唐朝《ハ》自《リ》レ初二三乗共学《ノ》国《ナル》 故《ニ》、南岳・天台皆《モ》声聞威儀《ニ》住《シ》給《フト》 見《ヘタリ》。諸宗《ノ》大乗僧《モ》悉《ク》小律儀《ヲ》用《ル》也。此土《ノ》僧徒、不《ト》レ簡《ハ》二大小《ト》一云《ハ》是也(25)）。

仁空は、泉涌寺の見解は摂受（他者に対して、先ずその過ちを正したりせずに、彼ら自身の言葉の上でアプローチする親切な説法の方法[26]と折伏（間違った見解を非難すること）という、二つの重要な説法の形式を混同しているとも主張する。『法華経』は間違った見解を破廃することや、劣った見解と究極の真実を開会することを含む、多種多様なアプローチを具えるが、折伏を重要な見方とし、「二も三（乗）もなく、一つの素晴らしい乗り物だけがある」（無二亦無三唯一《ノ》妙乗《ヲ》立《テル》也[27]）ことを証明するために、他の乗り物を論破する。対して『涅槃経』は、間違った見解を論破するけれども、摂受を重要な見方とする。このように『涅槃経』は、仏性円常に基づいて四教を立て小戒を褒め称える[28]。ところが仁空は、もし『涅槃経』の見解に従うべきなら、何故『法華経』は一心に小乗を論破するのかと尋ねる。

仁空は、様々な（方便の）経典を論破すること（追泯衆経）と、様々な経典の間の区別に反駁すること（追分別衆経）の、『涅槃経』の二つの側面に注意を呼び掛ける。前者は折伏の見方に、後者は摂受の見方に一致するだろう。摂受の見方は、権である小乗の見方も許容する。四教は開かれていて、小乗の教えも説かれる。『涅槃経』では、この過程は「命をつぐなうこと」（贖命）と述べられる。仏教が邪悪な王や僧に脅かされる時、あるいは僧が永遠の仏の教えを忘れてしまう時、『涅槃経』は仏教を守る役割を担う[29]。中国と日本の天台の釈義学者にとって、その語は様々な意味を持っていた。第一に、それは『法華経』の説教を聞かなかったすべての人を拾い上げることと言われる。それ故、そのメッセージは『法華経』と同じであった。第二に、人々が正しく修行することも、永遠の仏を信じることも出来ない衰退期に、『涅槃経』の教えは「小乗」の戒が模範とされるべきこと、そして、永遠の仏性が説かれるべきことを主張する。(30)

仁空にとって、これら外見上の矛盾は最澄により、初心の修行者はただ円戒を受けただけで、比叡山に隔離されて十二年を過ごし（籠山）、それから奈良の僧と同じ集まりに参加し、旅に出て衆生を利益するために、便宜的に小乗の戒を受けるという提案でもって解決されていた。『涅槃経』の律の強調は、高等な天台の修行者に小乗と大乗が混在する寺院に住むもの、言い換えれば、奈良の宗派の信奉者を利益できるようにすることを意図されたものだった。小乗の戒が模範とされるべきという主張は、このような意味で解釈されるべきなのである。(31)

仁空以外の他の流派は、天台僧にそれを避けることを許した方法で、『涅槃経』の律の支持を説明した解釈を提唱した。黒谷流の有名な唱道者である恵鎮（一二八一～一三五六）は、『涅槃経』に列挙される五行の二種の解釈に触れる。『涅槃経』において、五行はさほど詳しく述べられないが、智顗をはじめとする中国天台の釈義学者が、おおよそ次のように記したのだろう。

㈠　聖行、すなわち三学（戒・定・慧）。これには律の戒も含まれる。
㈡　梵行、有にも空にも執着せず、慈悲を育て、苦しみを除いて、衆生に幸せをもたらすこと。
㈢　天行、他者のための究極の真実に基づく行。

(四) 嬰児行、子供に対する母親のごとく、慈悲でもって行動すること。すなわち、世俗の人と小乗の修行者にふさわしい行いを顕すこと。

(五) 病行、衆生利益のため、彼らと同じ方法で痛みと病に苦しむこと。(32)

さらに、五行は、四教のどれが論じられるかに合わせて分類される。律は、第一の聖行に含まれるだろう。例えば別教では、五行は次のように道に当てはめられる。

① 聖行、地前で自分自身を利益するための行。
② 梵行、地前で他者を利益するための行。
③ 天行、地前のもののための究極の真理に基づいた覚り。
④ 嬰児行、地地のものによる善に応じた行い。
⑤ 病行、地地のものによる悪に応じた行い。

しかしながら円教の場合、五行はヒエラルキーを持たず（不次第）、完全に調和している。それらは次のように記述される。

①　聖行、如来の装飾。
②　梵行、如来の部屋。
③　天行、如来の座。
④　嬰児行、柔和。
⑤　病行、忍辱。[33]

これらは、円頓の機を持つもののための『菩薩戒義記』の注釈書である恵鎮『菩薩戒疏聞書』において説明される。さらに、恵鎮の『直往菩薩戒勘文』でも、あらゆる日本人が円機を具えるとする最澄の議論を引用して記述される。覚りの心（菩提心）を起こすことが、最終的な到達点であった。これは如来の行であった。一つの行はすべからくそれ以外の一切の行を具現化する。一心は十法界のすべてを照らす。[34]

三　戒体について

多種多様な論題が戒体に焦点を合わせていた。もっとも重要な論題は、以下でより詳しく考察されるであろう問題、すなわち戒体は心なのか、無作色（あるいは無表色）なのかという問題に関係していた。しかし、その問題を検討する前に、他の論題をいくつか簡単に概観することで、その問題が考察された数多くの方法が示されるだろう。『戒珠抄』では、次の論題が表題の中に戒体の語を含んでいる。

戒体の受得は、悪い生まれかわりから人を守るか。
戒体は、四教の中のどの位に当てはまるか。
十重四十八軽戒は戒体か、あるいは戒行か。
戒体は心か、あるいは［無表］色か。

しかしながら、これら論題は、この概念が用いられた数多の方法を十分に言い表してはいない。重戒を破る時、あるいは忌まわしい犯罪をおかす時に、戒は失われるかといったテーマも、悪事を償う際の懺悔の効果と同じように必ず戒体を伴った。受戒は戒体の見地から考えられねばならなかった。単に戒について自分で考えることが戒を受けることと同じだったのか。あるいは戒体を手に入れるためには儀式に参加し、ある定められた言葉を唱えなければならなかったか。自誓受戒において、仏陀からのしるし（好相）は必要だったか。戒はどこから起こるのか。儀式から起こるのか。仏陀から起こるのか。受戒者の仏性から起こるのか。菩薩戒［あるいは梵網戒］の分類は、戒体の解釈にどのように影響するか。『梵網経』中の菩薩戒は、『菩薩戒経』と呼ばれる独立した文献とみなされるべきなのか。あるいは、戒体は心であることを暗に示す、「心地品」と呼ばれる『梵網経』の二巻の章とみなされるべきなのか。

このセクションは、戒体の様々な見方に関する議論に始まり、この主題に関する『菩薩戒義記』の議論に随順するけれども、たとえば道宣に言及する等、いくつかの方法でそれを更新する。説一切有部の阿毘達磨の議論では、戒体は無作（旧訳では無作だが、新訳では無表）と述べられる。しかしながら、そのアプローチの点で、阿毘達磨あるいは小乗の宗派は決して一様ではない。摩訶僧祇（僧企）と成実論（成論）は、戒体は心と記述する。南山律宗の宗祖である道宣（あるいは霊芝元照）は、戒体は蔵識の中にある種子であると、すなわち大乗仏教が同僧に与えた影響をはっきり示す、唯識の見方に依拠した解釈を主張する。(35)

天台の円戒にとって戒体は、実相と同一であるとみなされた。事実、三学は皆、同じ本質を具えていた。戒体は心の性であり、また中道であるという主張を擁護するために、多種多様な資料が引用される。(36)たとえば、戒体は心であると見極める『摩訶止観』によれば、次のとおりである。

小乗《ニハ》明《ス》レ義《ヲ》。無作《ノ》戒《ハ》即是《レ》第三聚《ナリ》。大乗《ノ》中《ニ》法鼓経《ニ》但《タ》明《シテ》二色心《ヲ》一無《シ》二第三聚一。心無尽《ナルカ》故《ニ》戒《モ》亦《タ》無尽《ナリ》。(37)

無尽の心に対する言及は『瓔珞経』に依拠する。[38] 湛然はさらにこれをはっきり説明して、戒体は（不変の）心性であると書き留めた。[39] これ以外の『摩訶止観』の文は戒体を中道妙観と定めた。[40]
さらに仁空は、『菩薩戒義記』の次の文における戒体と性無作仮色の同一視を検討する。

初戒体者《ト》、不起而已起即性無作仮色《ナリ》。[41]

戒体が心であったか、仮色であったかという見解の不一致は、佐藤哲英氏に『梵網経』の注釈書が実際に智顗によるものかどうか疑わせる誘因となった。[42] 続く村上明也氏による学問的探求は、智顗の学問に対する議論を一層説得力あるものにしている。[43] しかしながら、伝統的な宗門の研究者は概ね本書を信ずべきものとして受け入れた。

『戒珠抄』中の議論によれば、無作仮色の語は戒の利益（功徳）が作法を通じてどのように受得されるかに言及する。[44] しかしながら、無作色との同一視は、その無作色に関する小乗の見解、とりわけ説一切有部と経量部の見解を思いおこさせるが、大乗の資料は概ね戒体と心を同一とみなす。これが論題を理解する鍵である。共に智顗によって書かれたと信じられる文献に基づくのだから、どちらか一方が間違っていると主張することなく、それら違いは会されなければならない。

仁空とその門人は、初期の中国天台ないし日本天台の思想家によって提出された、戒体に関する数多くの見解を概観した。初期の学者は自らの言い分を述べるにあたり、実に様々な語を用いたが、ほぼ満場一致で戒体は心と主張した。明曠や宋代の三人の釈義学者のような人物による、初期の『義記』の注釈書は、智顗等、天台の思想家によって用いられた五重の釈義の図式と、『菩薩戒義記』に見られる、非常に珍しい三重の釈義の図式の違いに着目していた。これらいずれの場合も、戒体は心というのが結論であった。

『菩薩戒義記』の見解と、その他、中国ないし日本天台の見解の間の厄介な違いを解決するために、仁空は、文献間の釈義のスタイルの違いについて深く考えた。文献に関する中国天台の議論の多くは、釈名、弁体、明宗、論用、判教からなる五重玄義を用いた。対して『菩薩戒義記』は、釈名、出体、料簡からなる三重玄義を用いた。仁空は五重の解説は実相心を戒体としたが、三重の解説は仮色を戒体としたことに特に言及した。例えば、智顗の三つの主著は実相を戒体とする。湛然の弟子、あるいは弟子の弟子にあたる明曠は『菩薩戒義記』に依拠するが、五重の釈義の形式を利用して、実相心が戒体であると主張する注釈書を書いた。[45] その上、『梵網経』の正式な題は「梵網経心地品」なのである。

仁空は、道熙、蘊斉、与咸という宋代の三人の注釈者が、それぞれ三巻からなる注釈に対する注釈書を記したように、同様のパターンに従っていたと記す。[46] これら文献は、おそらく俊芿によって日本に持ち帰られたものの中に含まれており、仁空はそれらに対して入念に注意を払う。三人の注釈者は皆、智顗の文献における戒体の相違を解消し、五重の釈義的アプローチを『梵網経』に適用しようと努力する。道熙による注釈書は「熙抄」と呼ばれた。道熙は、体は宗（すぐれた結果に導かれる戒の善を行うこと）と、用（悪い行いをとどめ、善を盛んにすること）の両方を含むと主張した。教義の分類の点では、彼は『五章』を奉じた。[47] 蘊斉の注釈書は、彼の居所にちなんで命名された『頂山記』の名で呼ばれた。[48] 蘊斉は、人と教えが具足される方法が名で、性無作仮色が体、波羅提木叉の頓［制］が宗で、[49] 障りが功徳を顕示する仕方が用、そして、浄乳が教と同様という立場をとった。[50] それから、与咸は先行する二人の僧の注釈書を論駁し、惣別、事理、さらに体宗の見地から議論を行った。また、与咸は体を当体体と所依体の二つの相に分離した。それにより、中国天台の文献に見られる相違を反映しているであろう、体に関する二通りの解釈を可能とした。すなわち所依体は性無作仮色で、当体体は実相心である。[51]

仁空は、『菩薩戒義記』は三重の釈義の構造に反映された具体的な命題を用いて編纂されたに違いないと主張し、また智顗は舎那（ヴァイローチャナ）から、末法の時代に、印度から遠い国の凡夫へと続く戒の相承を説明したかったに違いないと提唱した。自らの主張を通すために、仁空は『梵網経』の上下二巻を分割し、戒を含む巻は、『菩薩戒経』と名づけられるべき、別個の独立した文献であると主張した。このことが、結経としてしばしば関連付けられる『華厳経』と同じように、『梵網経』も別円教であったという伝統的な見方に対処することから仁空を自由にした。仁空には、『菩薩戒義記』と五重の釈義の図式を一致させる義務ももはやなかったが、何故、智顗が故意に三重の図式を用いたと信じたか、簡単に明らかにした。このことの重要な要素が、戒体として仮色を選択する行為の正当化であった。『戒珠抄』では次のような説明がなされる。

而《ルニ》今《ノ》所レ云《フ》仮色《ト》者、非《ス》二色心相対《ノ》色法《ニ》一。作法受得《ノ》体《ナルカ》故《ニ》。[52]

加えて『梵網経』によると、戒はすべての菩薩によって唱えられる。縁が存在し、因を有していることから、それらは光として現れるけれども、個々の色彩は持たず、また色でも心でもなく、有でも無でも、因でも果でもない。それらは諸仏の源であり、菩薩行の根本である。[53]この文は、『暁示鈔』において戒体と同一であるとみなされる。「非心」の句は、体が妄情縁慮でなかったことを示していると解釈される。この解釈は、心の実相の理は四句と百非を断絶するという主張に基づく。[54]『暁示鈔』では、性無作仮色という表現の中の「性」の字は真如と仏性の体に言及するが、これは実践の見地から説明されなければならない。「仮色」の語は従来の色心の相対ではなく、凡夫が仏の功徳に応答する方法、言い換えれば、受戒と修行を通じて、それに応答する方法に言及するものである。[55]

四　むすびにかえて――付論

俊芿等からの報告が日本に届いたことで、仁空は日本天台の受戒と戒が、自らも尊敬する中国天台の伝統と何故異なっているか、理由を説明しなければならなかった。彼は、智顗と湛然の著作、および宋代の思想家のより新しい著述を慎重に検討し、あるものは受け入れ、それ以外については適切に批判した。教判と戒体に関する議論からは、資料に対する驚くべき習熟、中国と日本の歴史的な相違への革新的な説明、そして、仁空の自信がはっきり見てとれる。

最後に、賓頭盧と文殊の像の使用という、関連する関心領域について簡単に書き留めて、本稿を締めくくる。『暁示鈔』において仁空は、湛然と太賢の文も含む、「西方」における小乗と大乗の区別に関する多種多様な文を引用した[56]。それら引用は、中国と韓国の権威を利用し、日本天台の見解を擁護していると思われるので、重要であったことだろう。湛然によれば、「この地域（中国）では、僧徒は、大乗と小乗を区別しないが、西方（印度）ではそうではない。それらは、常に区別される」（此土《ノ》僧徒不レ簡《ハ》二大小《ヲ》一。西方《ハ》不レ爾《ラ》。一向永隔[57]）。太賢によれば、次の通りである。

又聞《ク》西域《ノ》諸《ノ》小乗寺《ニハ》以《テ》二賓頭盧《ヲ》一為《ス》二上座《ト》一。諸《ノ》大乗寺《ニハ》以《テ》二文殊師利《ヲ》一為《ス》二上座《ト》一。合《コソテ》レ衆共持《ニス》二菩薩戒《ヲ》一。羯磨説戒皆作《ス》二菩薩《ノ》法事《ヲ》一。菩薩《ノ》律蔵常《ニ》誦《シテ》不レ絶《ヘ》。[58]

註

(1) 天台黒谷流の重要人物である興円（一二六二～一三一七）の伝記では、最澄における鑑真とまったく同じく、叡尊が黒谷流の戒理解の先駆者と記述される（『伝信和尚伝』、『続天台宗全書　史伝2』四一五頁a～b）。

(2) 大塚紀弘『中世禅律仏教論』（山川出版社、二〇〇九年）二一一頁。

(3) Paul Groner, "Jitsudō Ninkū on Ordinations," *Japan Review* 15 (2003): 51-75. および、その部分的な日本語訳である「授戒史上における実導仁空」（『印度哲学仏教学』一八号、二〇〇四年）二五四～二七二頁。

(4) 如庵の生没年は、大谷由香「入宋僧俊芿を発端とした日宋間「円宗戒体」論争」（『日本仏教総合研究』一四号、二〇一五年）一〇六頁に基づく。

(5) 上村貞郎『御寺泉涌寺と開山月輪大師』（法藏館、二〇一一年）二二頁。

(6) 定源「南宋における俊芿の行歴」（『国際仏教学大学院大学研究紀要』一七号、二〇一三年）二〇九頁。ダニエル・スティーブンソン氏は、"Buddhist Ritual in the Song"において、俊芿の規則と宋への旅行記を何度も引用する。Daniel Stevenson, "Buddhist Ritual in the Song," in *Modern Chinese Religion: Song-Liao-Jin-Yuan (960-1368 AD)* (Leiden: Brill, 2014) 1: 328-448.

(7) 大谷由香「入宋僧俊芿を発端とした日宋間「円宗戒体」論争」（『日本仏教総合研究』一四号、二〇一五年）一〇五～一三二頁。蓑輪顕量「俊芿の戒律思想」（『印度学仏教学研究』四四巻一号、一九九五年）。

（8）『暁示鈔』（『続天台宗全書　円戒2』四一七頁b）。スティーブンソン氏は、俊芿が発音とふしを中国から輸入したと記す（"Buddhist Ritual in the Song," p. 420)。

（9）『菩薩戒義記聞書』（『天台宗全書』一五・五二九頁a）。

（10）『暁示鈔』（『続天台宗全書　円戒2』四一七頁b～四一八頁a）。他の天台僧もこの解釈を用いた。例えば、宝地房証真（生没年未詳）の弟子でもあった黒谷流の僧、俊運（一三六九～一四五五）、そして慶観は、このアプローチに従った（偆運『菩薩戒義記聞書』、『続天台宗全書　円戒2』一〇〇頁b）。何故なら、証真が中国の天台に近い見解をしばしば採用し、戒行の支持者であったからである。証真に関して、より詳しいことは、以下のテクストを参照。Groner, "Can the Precepts Be Lost? Can the Precepts Be Violated? The Role of the *Pusajie yiji* in Medieval Tendai Discussions of the Precepts." *Essays from the International Tendai Conference, Tendai gakuhō* (Journal of Tendai Buddhist Studies, 2007): 165-200.

（11）俊芿の見解と円戒に関する律宗の解釈を理解する上で、これら解釈が担った決定的な役割は、徳田明本『律宗概論』（百華苑、一九六九年）一一八～一一九頁において強調される。例えば、俊芿『律家円宗料簡』では、中国僧の守一は、次のように述べることで、俊芿の問いに回答する。「円教の本は、法花開会涅槃扶談を本とす。この二経をすてて、余にこの義なし。高祖業疏に、義に準じて円を立てて体を決して行を示す。後の勧修に方に二経を引き、体行皆な円達受随の両妙を顕すことを証せしむ。」

（12）『暁示鈔』（『続天台宗全書　円戒2』四一六頁b）。および『法華経』（『大正新脩大蔵経』〈以下『大正蔵』〉九・一〇頁b二三）。この文は、智顗や湛然等の著作で頻繁に引用される。凝然は、『梵網経』に対する膨大な注釈の中、この文を引用する（『梵網戒本疏日珠鈔』、『大正蔵』六二・一〇九頁a）。

（13）恵鎮『菩薩戒疏聞書』（『続天台宗全書　円戒2』八一頁a）。俊芿の宗派は、泉涌寺ないし仙遊寺の同音異義語と思われる、仙入寺の名で言及される。

(14)『暁示鈔』(『続天台宗全書　円戒2』四一七頁c〜四一八頁a)。

(15)ここでの言及は、長者が、父親を思い出すことも出来ない自らの放蕩息子を徐々に教育する、いわゆる長者窮子の譬えに対してである(『妙法蓮華経』、『大正蔵』九・一八頁a〜b)。

(16)『暁示鈔』(『続天台宗全書　円戒2』四一七頁a)。

(17)『暁示鈔』(『続天台宗全書　円戒2』四一九頁b)。

(18)この解釈については、織田得能『織田仏教大辞典』一八六九頁c「円実」、および *Foguangi daidian*, p.6815 参照。

(19)『戒珠抄』(『続天台宗全書　円戒2』二四九頁c〜二五〇頁a)。

(20)湛然『止観輔行伝弘決』(『大正蔵』四六・二五四頁c二)。恵鎮『菩薩戒疏聞書』(『続天台宗全書　円戒2』八五頁)と、仁空『暁示鈔』(『続天台宗全書　円戒2』四一八頁b)に引用される。

(21)『梵網戒本疏日珠鈔』(『大正蔵』六二・二二二頁b)。「扶小律為談常」の文を有す照遠『資行鈔』(『大正蔵』六二・二七一頁c一二)。

(22)『戒珠抄』(『続天台宗全書　円戒2』二五〇頁a)。

(23)『止観輔行伝弘決』(『大正蔵』四六・二五四頁c二)。

(24)『暁示鈔』(『続天台宗全書　円戒2』四一八頁bと四二一頁a〜b)。『法華文句記』(『大正蔵』三四・三四三頁c一二〜一五)。同じ論点が、湛然の『摩訶止観』に対する注釈書(『大正蔵』四六・二五四頁a)でも作られる。

(25)『暁示鈔』(『続天台宗全書　円戒2』四一六頁b)。

(26)筆者は、ジャクリーン・ストーン氏の適切な定義を用いている。Jacqueline Stone, "Curing the Incurable: How Nichiren Read the *Nirvāṇa Sūtra*," unpublished manuscript.

(27)『暁示鈔』(『続天台宗全書　円戒2』四一八頁a)。『妙法蓮華経』(『大正蔵』九・八頁a一七～一八)の忠実な言い換え。
(28)『菩薩戒義記聞書』(『天台宗全書』一五・五〇頁)。
(29)『涅槃経』(『大正蔵』一二・七一五頁b二)。
(30)『法華玄義』(『天台大師全集』二・二三二～二三三頁)。この問題に関する良い議論として、『望月仏教大辞典』一〇・九二〇頁c参照。
(31)『暁示鈔』(『続天台宗全書　円戒2』四一八頁a)。
(32)『涅槃経』(『大正蔵』一二・四七二頁a七)。筆者は、ポール・スワンソン氏の"Glossary of T'ien-t'ai/Tendai Terms"(未刊行)の翻訳から大いに恩恵を受けた。
(33)『法華玄義』(『大正蔵』三三・七二五頁b～c)。日本語の分かりやすい議論については、菅野博史『法華玄義を読む　天台思想入門』(大蔵出版、二〇一三年)八〇～八八頁参照。英語の複雑なサマリーは、次の文献に見られる。Haiyan Shen, *The Profound Meaning of the Lotus Sutra*, 2: 173-196.
(34)『菩薩戒疏聞書』(『続天台宗全書　円戒2』八四頁a～b)。『直往菩薩戒勘文』(『続天台宗全書　円戒1』三七九～三八〇頁)。
(35)『暁示鈔』(『続天台宗全書　円戒2』三七〇頁b～三七一頁a)。
(36)『暁示鈔』(『続天台宗全書　円戒2』三七一頁)。
(37)『摩訶止観』(『天台大師全集　摩訶止観二』五一五頁)。
(38)『瓔珞経』(『大正蔵』二四・一〇二一頁b二一)。
(39)『止観輔行伝弘決』(『大正蔵』四六・二五四頁b二三)。
(40)『摩訶止観』(『大正蔵』四六・三七頁b二二～二三)。

(41)『菩薩戒義疏』(『大正蔵』四〇・五六五頁c二九～五六六頁a一)。
(42)佐藤哲英『天台大師の研究』(百華苑、一九六一年)四一二～四一三頁。
(43)村上明也「『菩薩戒義疏』の天台大師説を疑う」(『印度学仏教学研究』五七巻二号、二〇〇九年)七九〇～七九三頁。船山徹氏は、留保付きで村上氏の議論の多くを容認する(「『梵網経』の初期の形態をめぐって」(『東アジア仏教研究』一二号、二〇一四年)四頁[脚注6])。
(44)『戒珠抄』(『続天台宗全書　円戒2』二五一頁b)。
(45)『天台菩薩戒疏』(『大正蔵』四〇・五八一頁a一三および五八四頁a三～七)参照。
(46)三つの注釈に対する注釈書は、倖運『菩薩戒義記聞書』(『続天台宗全書　円戒2』一五〇頁b)の中で言及される。三人の中で、与咸にのみ伝記が存在する。『仏祖統紀』(『大正蔵』四九・二二三一頁c～二二三二頁a)参照。彼の『義記』の注釈に対する注釈書である『梵網菩薩戒経疏註』は、『大日本続蔵経』(以下『続蔵』)巻三八に確認される。
(47)『戒珠抄』(『続天台宗全書　円戒2』二三六頁b)。『梵網菩薩戒経疏註』(『続蔵』三八・五三頁a)。記述は、与咸の注釈書中に見いだされる。「五章」への言及は、おそらく、中国の天台で用いられた五重の釈義のシステムに言及している(『梵網菩薩戒経疏註』、『続蔵』三八・五三頁b)。
(48)『暁示鈔』(『続天台宗全書　円戒2』三七三頁a)。
(49)梵網戒は、問題が起こる度に戒が設定されるという律の段階的なスタイルではなく、すべて一斉に現れるという方式に対する言及である。
(50)『梵網菩薩戒経疏註』(『続蔵』三八・五三頁b二～三)。これは、与咸の文献から文字通りにとられたものである。華厳の五味からとられた浄乳のアナロジーは、その教えが高度な修行者の小さなグループにだけ「消化できる」ことを示唆する。

(51)『戒珠抄』(『続天台宗全書　円戒２』二五三頁ａ)。これらの語は与咸の論全体を通じて用いられる。例えば、『梵網菩薩戒経疏註』(『続蔵』三八・六一頁ｂ一四～一六)参照。

(52)『戒珠抄』(『続天台宗全書　円戒２』二五一頁ｂ)。

(53)『梵網経』(『大正蔵』二四・一〇〇四頁ａ二九～ｂ五)。

(54)『暁示鈔』(『続天台宗全書　円戒２』三七一頁ｂ)。四句と百非は、見解を断定するために様々な句を使い尽くし、その結果、どのような肯定も否定も容認されなくなるだろう。

(55)『暁示鈔』(『続天台宗全書　円戒２』三七四頁ａ)。

(56)『暁示鈔』四一五～四一六頁。

(57)『暁示鈔』(『続天台宗全書　円戒２』四一五頁ｂ)。凝然は、『梵網経』に対する自身の膨大な注釈の中で、この文を引用する(『梵網戒本疏日珠鈔』、『大正蔵』六二・二〇九頁ａ)。

(58)太賢『梵網経古迹記』(『大正蔵』四〇・六八九頁ｃ六～九)。同じ文が、法蔵による注釈書である『梵網経菩薩戒本疏』(『大正蔵』四〇・六〇五頁ｂ四)にも確認される。最澄は『顕戒論』の中で、太賢『梵網経古迹記』を引用する(『大正蔵』七四・六〇一頁ｂ二六～三〇)。

龍谷大学世界仏教文化研究センターＲＡ　亀山隆彦　訳

蓑輪顕量

南都の戒律

——中世の復興から現代を考える——

蓑輪顕量（みのわ　けんりょう）

一九六〇年生まれ、千葉県出身。東京大学文学部インド哲学学科卒業、東京大学大学院人文科学研究科博士後期課程単位取得満期退学。財団法人東方研究会専任研究員、愛知学院大学助教授、教授などを経て、現在、東京大学大学院人文科学研究科教授。文学博士。専門は日本仏教思想。

主要著書・論文

『中世初期南都戒律復興の研究』（法藏館、一九九九年）
『仏教瞑想論』（春秋社、二〇〇八年）
『仏教の教理形成――法会における唱導と論義の研究――』（大蔵出版、二〇〇九年）
『事典 日本の仏教』（編著、吉川弘文館、二〇一四年）
『日本仏教史』（春秋社、二〇一五年）
ほか多数。

一　はじめに

日本における戒律の受容には大きなピークが五つほどあるように思う。最初は鑑真（六八八〜七六三）の来朝に伴う正式の伝戒、第二は最澄（七六六、または七六七〜八二二）の大乗戒の主張、第三は覚盛（一一九四〜一二四九）、叡尊（一二〇一〜一二九〇）等による中世の復興、そして第四は明忍（一五七六〜一六一〇）から始まる近世の復興、そして第五が釈雲照（一八二七〜一九〇九）による目白僧苑を中心とした明治の復興に伴うものである。その中でも、第一、第二、第三に関する研究は、その蓄積も比較的多い。

筆者は南都を中心に戒律を考察してきたが、実際に今も、東大寺の戒壇院において、数十年に一度の頻度で具足戒受戒が行われている。それは、南都の僧侶、特に東大寺僧侶のための具足戒の受戒であった。そこで、本章では、現代の東大寺受戒に幸いにも触れたご縁から、簡単に所見を述べたいと思う。結論を先に述べれば、現在の南都の具足戒受戒では、通受形式が行われている。その背景は、間違いなく中世の時代の戒律復興にあると考えられる。そこで、ここでは授戒儀に焦点を当て、その背景を簡潔に考察してみたい。

二　中世の戒律復興

中世南都における戒律復興は、覚盛（一一九四―一二四九）が理論上の指導者としての役割を果たした。そもそも具足戒の授戒方式は、三師七証による白四羯磨形式が仏教の伝統であった。南都に伝わった仏教も、本来、白四羯磨形式の具足戒授戒を行ったに違いないが、その形式が確立されたのは奈良天平時代の鑑真の来朝によってであった。この伝統に異なるものが、最澄（七六七―八二二）による大乗戒の主張である。最澄は、白四羯磨形式に変わるものとして、菩薩戒による受具足戒を行ったのであった。その後、南都においては最澄の始めた叡山天台の菩薩戒による受具足の主張に対し、仏教の伝統に異なるとして反対意見が相次いだ。たとえば院政期の恩覚（生没年不詳、十一世紀）の奏上は、そのような事情をよく反映する。

しかしながら、南都でも戒律の内実に変更を加えるものが登場した。それが覚盛である。覚盛は南都の伝統であった白四羯磨形式の具足戒授戒を残しつつ、新たに具足戒の授戒方軌になるものを発案した。それが通受と呼ばれるものになる。覚盛の『菩薩戒通別二受鈔』の次の記述を見てみよう。（なお、原文は拙著『中世初期　南都戒律復興の研究』法藏館、一九九九年〈以降『戒律復興』と略す〉から引用する。）

『菩薩戒通別二受鈔』（嘉禎四年〈一二三八〉作）

(1) 問、通受別受、其軌則如何哉。答、先通受者、以三聚羯磨、摂律儀与摂善饒益同時総受。故名通受。次別受者、以白四羯磨、唯別受比丘等七衆律儀、而不受余二。故名別受。

(2) 問、通受之時、摂律儀者、唯名七衆律儀歟、将又称菩薩十重等歟。答、唯以七衆律儀名摂律儀也。故本論云、律儀戒者、謂諸菩薩所受七衆別解脱律儀、乃至如是七種依止在家出家二分。如應当知、是名菩薩律儀文[1]。

受戒時の説相

『菩薩戒通受遺疑鈔』（寛元四年〈一二四六〉作）

是故、本論三聚浄戒、必兼護持五篇七聚。此事非但瑜伽意、梵網所説亦即爾也。十重六八即是説相。言説相者、受戒之時、略説所授戒相肝心。先令受者知大綱也。故十重等是其三聚浄戒大綱也。

此中含五篇七聚及摂善法戒、摂衆生戒。謂、初四重等、摂篇聚戒、後四重等、摂余諸戒。如是受故、随行之時、随其当形之所堪忍、如其所願護持之也。(2)

この記述は明らかに伝統的な白四羯磨形式の具足戒授戒を別受とし、三聚浄戒とともに受ける、すなわち通受を新たな授戒方式として立てたことを物語る。また、その通受の具体的な方軌は、実は菩薩戒の三聚浄戒羯磨と変わらず、覚盛は、そのような通受は、白四羯磨の形式が整わない、すなわち如法の三師七証が揃わないときの便法と考えていたと考えられる。このことは覚盛の『菩薩戒通別二受鈔』の次の記述から推定される。

若通別二受作法、具堪忍之時、依別受之軌則、受五十具、依通受作法、唯随応可作一度之受方歟。(3)

さて、この通受の授戒形式が一般化されるのは、覚盛とほぼ同年代であった興福寺出身の僧であった良遍（一一九四―一二五二）の残した『菩薩戒通受遣疑鈔』から、覚盛の後の展開であったことが推定される。すなわち、通受が具足戒の授戒方軌として定着していくのであり、伝統的な具足戒の授戒方軌であった白四羯磨形式と同じ機能、即ち正式の僧を生み出す機能を持ったものとして位置づけられた。

また、通受の方軌は、覚盛の時には菩薩戒の授戒方軌とほぼ等しいものであったと考えられるので、菩薩戒の授戒方軌とまったく同じもので、どうして具足戒が授かるのか、疑問が付されることになった。実際、覚盛の主張した通受の方軌は、叡山の大乗戒の授戒や南都の菩薩戒の授戒方軌とまったく異ならない。

おそらく、この不具合を回避するために考案されたものが、授戒時の方軌の一部分、すなわち説相と呼ばれる部分において、具体的に守るべき学処が示されるのであるが、その学処に菩薩独自の学処を持ち込んだことであろう。覚盛の段階では十重戒のみで良いとされていたものが、良遍の残した資料になると、比丘の波羅夷法と、菩薩の前四重または後四重という形式が登場するようになった。しかも説相に揺れが存在したことが伝えられている。

そして、この通受形式が安定するのは、西大寺を中心に活躍する叡尊（一二〇一―九〇）が、律宗の復興の中で正面に出てくる以降のことと推定される。叡尊の集団が使用したと考えられる授戒方式によれば、明らかに、通受は伝統的な教団の構成員が受戒する五戒、沙弥戒、具足戒の授戒方軌として認められている。その典型である菩薩の具足戒の授戒方軌として位置づけられた通受方軌によれば、その方軌の説相の箇所で、受者に授けられた学処は、四波羅夷法と菩薩十重戒の「後の四重」であった。

叡尊の集団に伝わる授戒方軌に依れば、その「後の四重」の名称は、自讃毀他、慳生毀辱戒、瞋不受謝、毀謗三宝戒であった。

しかし、叡尊の指導する集団の中で、伝統的な白四羯磨形式の具足戒授戒がなくなってしまったわけではない。『西大寺叡尊伝記資料集成』の中に残された資料に依れば、西大寺系の僧侶の中には、別受による法臘と通受による法臘が同居していることが分かり、しかも通受、別受とも、生涯に複数回、受けていることが知られる例が存在する。別受の伝統が、覚盛、良遍、叡尊らの中世の律宗の復興に関わった僧侶たちの活躍によって、まったく無視されるようになってしまったのではないことに注意しなければならない。

これは、東大寺戒壇院において堂衆による伝統的な白四羯磨形式の具足戒授戒が行われていたこととも関連すると推察される。永村眞氏が明らかにされたように、中世の時代を通じて伝統的な白四羯磨形式による具足戒受戒が継承されていた。数十年に一度の割合であるが、堂衆による白四羯磨の具足戒授戒が継承されていたことも、一方の事実なのである。

ところが時代が下り、十四世紀の初頭になると、興味深い資料が登場する。それが元休（生没年不詳、十四世紀）の『徹底章』（一三二五～二八頃の著作）である。この資料には、次のような興味深い記述が見える。

然東大興福両寺学徒、不許通受比丘性成就義。依之、密雖行自誓、服用夜鉢、無往返村聚。爰良遍真空、両寺碩学、学徒多是彼門弟、捨学業名望、入覚盛門流、受通受比丘戒。剰抄章疏、述性戒成就義。故両寺学徒、不能加難。自爾以来、通受法則相続、無絶者也。但恨南北二京、白四受法、伝来絶久乎。(4)

南都においても、覚盛等によって始められた通受が、興福寺の良遍（信願上人、法相宗の人）、東大寺の真空廻心（遁世の前は定兼と呼ばれ、公的な法会にも多く出仕、遁世後は真空廻心と名乗る、三論、真言の人）という南都を代表する僧侶によって賛同されたが故に、通受に反対することが出来なくなってしまったという記事を伝えるのである。

この言及を素直に信じれば、南都において通受が一般に認められたことにより、「白四受法、伝来絶久」という状況になってしまったことになる。それは白四羯磨形式の具足戒授戒が消失したことを同時に意味する。しかし、実際にはどうであったのだろうか。授戒儀に焦点を当てて、このことを、現代と対比させて検討してみよう。

三　現代の東大寺における授戒

現代においても東大寺戒壇院において授戒会が行われている。直近の所では平成二十三年（二〇一一）十一月六日から九日にかけて具足戒の授戒会が行われた。二十六年ぶりのことと窺ったので、ほぼ先の機会に受戒した人達が年を取り、次の後継者を必要としてきたのであろう。実際の受戒は三段階に分かれていて、沙弥戒から法同沙弥戒へ、そして具足戒へと続く授戒会が開催されたのである。実は、現在も三師七証が揃った具足戒授戒会が、東大寺戒壇院に行われていることは注目に値する。戒師は唐招提寺の長老であった石田上人、羯磨師も唐招提寺の西山上人が務められ、教授師を東大寺の筒井長老が務められ、七証は東大寺の長老たちが務められた。

さて、注目の具足戒受戒の羯磨は白四羯磨ではなく、三聚浄戒羯磨であった。三聚浄戒を授け、戒相の部分では四波羅夷法と四他勝処法が授けられた。これは間違いなく、中世の時代に叡尊の集団において確認された通受の授戒儀に見られるものである。また、興味を引いたのは、授戒壇場の多宝塔の安置された正面に向かって左手の端に掲げられた五つの掛け軸の文言であった。それらは向かって右から以下のようなものであった。

豆田耶菩薩比丘
楼至菩薩比丘
馬闌耶菩薩比丘
南山祖師菩薩
鑑真過海菩薩

南山祖師菩薩と鑑真過海菩薩は道宣と鑑真のことであることは明白であり、問題はない。しかし、最初の三つの菩薩比丘の名称は非常に特異なものである。そもそも菩薩比丘という表現は大乗の菩薩と小乗の比丘との概念が結合したものであり、東アジア世界では『梵網経』や『諸法無行経』などに見いだすことができる。たとえば『梵網経』の軽垢罪の中に「若佛子、先在僧房中住、後見客菩薩比丘来入僧[5]」との記述が見いだせる。

また、九世紀初頭の最澄の大乗戒設立運動の中で著述された『顕戒論』の中に、『諸法無行経』の「爾時有菩薩比丘、名曰喜根。時為法師、質直端正、不壊威儀、不捨世法[6]」との記述を引用しているので、最澄も「菩薩比丘」の用語を知っていたことは間違いない。

また、中世の律宗復興の上で重要な役割を果たした覚盛の『菩薩戒通別二受鈔』にも「若依別円二教所説之通受軌則者、別可有菩薩衆。雖然、毘尼学即大乗学、十戒具戒、既為大乗無上戒法、更無別菩薩比丘戒〈爲言〉⑺」との用例が見いだせる。さらには凝然の『梵網経日珠鈔』にも「今菩薩行者、分判輕重物、須依小律也。菩薩比丘、依小律受、依所依律、成其行事、隨持行相、與受符故⑻」との用例が有り、中世以降の律宗の中では、菩薩でありかつ比丘である者を指して「菩薩比丘」との用語を用いていたことが知られる。よって、この事からすれば、「菩薩比丘」という語自体は、日本の戒律史の上では、叡山でも南都でも用いられた用語であることになるので、それほど問題ではない。

しかしながら、豆田耶、楼至、馬蘭耶の三つの名称は、あまり耳目に触れることのないものである。よってその典拠を探ることから始める。まず豆田耶であるが、法進の『東大寺授戒方軌』に登場する。その対揚の箇所に次のような記述が見いだせる。

天下安穏万民豊楽　毘尼耶蔵甚深妙典
豆田耶等来守護　所願成辨優波離尊者⑼

この箇所の記述からすれば、守護を期待されたものであることが知られる。実範の『東大寺戒壇院授戒式』によれば「教授弟子遺教経　豆田耶等諸菩薩⑽」とあり、また恵光の『唐招提寺戒壇別受戒式』にも「仰乞十方三世薄伽梵、豆田耶等諸菩薩、三乗一切賢聖等、本願大悲ヲ以降臨此⑾」とあるから、授戒場に来臨を願う尊格であり、後世にまで継承されたことがわかる。実はこの三人の菩薩比丘の名称は、道宣の『関中創立戒壇図経并序』の次の記述に基づくと推定される。

置一高座、次設三虚座。一擬豆田邪菩薩比丘。二擬楼至菩薩比丘。三擬馬闌邪菩薩比丘。以三菩薩比丘、請仏立受戒結戒。戒壇之首、於戒有功。故列三虚座、以処之。[12]

『戒壇図経』の記述に従えば、この三人の尊格は受戒の会場に設けられる三虚座に安置されるものとされる。また「虚座」というのは実体としてそこに誰かが坐るのではないことから、目には見えない尊格のために場を設けたもので、そのために「虚座」と表記するのであろう。そして、現在の戒壇院の戒壇の場合には、左手に掛け軸として配置され、その前に前机と香鑪が置かれた形でしつらえられていた。ここに、鑑真以来の具足戒授戒の伝統が、現在にも継承されていることが推定される。

なお、近世の資料であるが、その配置について述べるものが存在している。西大寺に所蔵される寛延三年（一七五〇）作の『西大寺別受記』である。その記述は別受が久しく途絶えてしまった戒壇院において別受を復興させた際の覚え書きである。

一、戒場入口南ノ方未申ノ角東向、三菩薩掛ル。北頭田那菩薩、中馬蘭耶菩薩、南楼至菩薩。前ニ各高机打敷掛モ其前ニ灌頂方祖師机、三脚直ス。各仏具瓶仏供二杯、餅二杯、菓子二杯、

其前ニ畳一重、受者三礼ノ用、辰巳ノ角北向ニ興正菩薩掛ル。前ニ高机、打敷、其前机ノ上仏具仏供等ノ通其前ニ畳ナシ。(13)

ここには上記の三名の菩薩が「掛ル」と記される。「掛ル」という表現に適切なものは掛け軸であろう。かつまた、興正菩薩の掛け軸が「掛ッタ」ものだと推定されるが、それが文字または画像によるものかは判然としない。残念ながら「掛ル」としか記されていないので想像するしかないが、何らかの図像であった可能性も存在する。

四　通受普及の時期

さて、現代の具足戒受戒が通受形式になっていることは間違いないとして、では一体、どのような経緯があって、そのようになったのであろうか。まず、中世以降は、南都において東大寺の戒壇院における受戒に二系統が存在したことに注意しなければならない。一つは鑑真以来の伝統であり、院政期の貞慶（一一五五―一二一三）の「戒律興行願書」から知られるように、興福寺の東西両金堂や東大寺の法華堂や中門堂の堂衆によって執行された受戒が存在した。この受戒は鑑真からの伝統を継承し、白四羯磨形式であったことは間違いない。その具体的な姿を伝える、もっとも古いものが法進（七〇九―七七八）の作ったと伝える『東大寺受戒方軌』であり、また中川実範（生年不詳―一一四四）が作成したと伝える『東大寺戒壇院授戒式』（実範式）である。この両者は明らかに白四羯磨形式の受戒を伝える。

もう一つが、覚盛らによって創始された通受形式の受戒である。しかし、こちらの受戒式には、二つ注意しなければならないことがある。一つは、先にも指摘したように、十三世紀中葉には、まだその説相に揺れがあったこと、およびこの受戒式は、当初は遁世の僧侶たちの間にのみ認められたものであったことである。

確かに覚盛によって三聚浄戒羯磨と呼ばれる形式が成立したことは間違いないが、それに基づいた受戒は、東大寺においては戒壇院において継承され、それは主に遁世の僧侶たちの受戒方法として継承されたと考えられる。しかも、唐招提寺、東大寺戒壇院、西大寺と、三箇所が拠点となり、微妙に異なった内実を伴って展開した。具体的には授戒の時の説相に用いられる学処の条数が異なったり、または犯戒時の罪の軽重で相違が存在したりしていたことが指摘されている。

では、遁世門以外の僧侶の授戒は、一体、どうなっていったのだろうか、また誰が担っていたのであろうか。つまり、堂衆の伝統が変質し、彼らの執行する受戒会が通受形式になったのか、はたまた遁世の僧侶の拠点とされた戒壇院の僧侶たちが、寺僧交衆たちの受戒においても、受戒会を執行するようになったのだろうか。

あるいは、現代の受戒会が唐招提寺長老を招いての受戒であったように、唐招提寺の僧侶が、東大寺僧侶の受戒を担うようになってからの変化であった可能性も存在する。

元休の伝える良遍、真空の二人の尽力で南都の受戒が変質したとの記事は、そのまま素直に読めば、堂衆たちによる受戒においても通受が認められたと考えられるのであるが、しかし、別受がまったく否定されてしまったとは言っていない。ところが、現在の授戒では、別受すなわち白四羯磨形式の授戒は、残念ながら見ることができない。では次に、近世の時代の受戒の資料が東大寺に残っているので、少しくこれを見て見よう。

五　近世、東大寺における具足戒受戒

東大寺図書館には近世の身分の高かった僧侶の具足戒受戒の記録が幾つか残っている。目録に依れば、一四二函に万治二年（一六五九）の『受戒会日記』から始まり『一条院宮御門跡御得度記』『受戒会年預捌記』『出家受戒法』『大乗院御門主御受戒会に付京都御召之記』『恒例受戒会記』『大乗院御門跡臨時受戒会之記』『東大寺戒壇院受戒式』『一条院宮御受戒会執行記』『一条院殿臨時御受戒会仮

日記』など、十一点が受戒に関するものとして挙げられている。その内の一つである『受戒会年預捌記』を見てみよう。本書に収められた、たとえば享保二十年（一七三五）四月十三日に具足戒を受戒した大乗院新御門主大僧都隆遍の記録と考えられる部分には、まず本人の出自が「二條故殿下綱平公御息　母　霊元院法量女二宮」と記され、その後に次のような記述が見える。

大十師分出仕次第

和尚	東大寺中性院	覚鑑大徳
東羯磨	同　宝塔院	真英大徳
西羯磨	興福寺金勝院	光寛大徳
東教授	東大寺上之坊	俊盛大徳
西教授	興福寺下松院	隆実大徳
弥勒和尚	東大寺龍蔵院	訓英大徳
沙弥戒羯磨	同　自性院	宥海大徳
請遺教経師	招提寺法華院	元廓大徳
説相師	薬師寺龍蔵院	実隆大徳
説浄主	大安寺分般若寺妙寂院	高随大徳

作時師　法隆寺持宝院　深盛大徳

小十師分出仕座次第

堂達　東大寺文殊院　寛賢法師
同　同中性院弟子　真隆法師
授衣師　興福寺正法院　光映法師
同　東大寺仏性院　崇海法師
同　興福寺新蔵院　光宣法師
同　東大寺宝珠院　泉海法師
名帳師　招提寺分伝光寺　昭什法師
内肩衣師　薬師寺延寿院　高宥法師
同　大安寺円証寺　高淳法師
同　法隆寺賢聖院　正雄法師

（以下　略）(14)

ここには大法師、小法師の名称が見え、明らかに鑑真以来の伝統が生きていることがわかる。大法師は具足戒受戒のために、小法師は沙弥戒受戒のために必要な師のことであるが、彼らがそれぞれ十名ずつ選出されている。しかも、彼ら僧侶は、東大寺に限らず興福寺、唐招提寺、薬師寺、大安寺、法隆寺などから出仕しているから、古代の受戒儀式の伝統がそのまま継承され、南都を挙げての受戒会であったと捉えることができる。しかも古代に、官が管理した受戒であることを示すが如くに、「左弁官下　東大寺　応以大徳律師実鑑為戒和尚」との文章も付加されている。さて、注目されるのは、四月十三日、実際の受戒会に三師七証として望んだ僧侶達の名称が記された後の、次の記述である。

窃以、三学殊途、必会於漏尽、五乗広運、資戒足以為先。是知、無表戒務、修行之津梁、願無願心、祈七支之勝躅。但隆遍宿因多、幸得造法門。
　享保二十年四月十三日(15)

この箇所の記述は、戒帖に記した文章と推定されるが、「無表」および「七支」の語は、受戒された戒が白四羯磨形式の具足戒であった可能性を強く窺わせる。すなわち「無表」は律蔵に説かれる具足戒の戒体として「表面上には現れてこない何か」の意味であり、それは「表無表」の言葉として良く使われたものであった。またもう一つの七支は「七覚支」を表した可能性が高い。もしこの戒が通受形式の菩薩戒としての具足戒であったとすれば、戒体は「仏性」などと大乗特有の用語になっていたはずである。

しかしながら、西大寺にはまた異なった伝承が伝わる。それが『西大寺別受記』の伝承である。まず冒頭部分に次のようにある。

寛延二〈巳〉八月光明会ノ節、東大寺戒壇院前長老成慶御登山ニ而当山別受戒会正徳三歳ヨリ久シク打絶十師モ招提寺ニモ無之、後々退転可致、興正菩薩格別ノ思食ヨリニテ御取立被遊候事、扨々残心千万存候間、一山被仰合、内々ニ而交衆分、御勤有之。而又々時節見合本式別受御取行可然候、是悲御勧可申間、御内談御申候故、二六日衆許之砌、右之趣披露有之候処、何茂尤之義ニ被存候、諸末寺江モ又ハ法華寺、道明寺江モ、不申、内々ニテ作法致筈ニ相談相定候事、正徳三年、当山ニテ別受被致候、只今相残候衆中海龍王寺高瑜、宝生院成慶、真観房伯英、土佐千寿院宝覚律師、此分ニテ後座候ニ付キ、兎角十師勤調、辺国ノ作法ヨリ五師致可相勤様、左様ニテモ四師漸有之。[16]

本書末尾には「堯慧私記置（而已）。寛延三（庚午）天三月十四日　会奉行　一之室　堯慧」との奥書があり、製作された年は一七五〇年であることが明確である。ここに記された伝承によれば、正徳三年（一七一三）より三十七年間、東大寺戒壇院において久しく別受が途絶えていたことになる。寛延三年には東大寺における別受が西大寺の協力によって復活したことになるが、先にみた『受戒会年預捌記』は一七三五年のことであり、途絶えていたという間に行われていたことになり、どうやら戒壇院の僧侶たちとは異なった僧侶たちによって執行されていたと考えざるをえない。

以上、近世の時代の受戒の例を幾つか見てきたが、まだ白四羯磨形式の具足戒受戒の例があったように考えられる。では、一体、いつの頃から具足戒の受戒が、白四羯磨形式から通受形式に変わったのであろうか。

結局のところ、明確な回答を持ち合わせてはいないのであるが、元休の述べるように、十四世紀から、堂衆の主催する受戒会にも通受形式が持ち込まれたと理解することには問題はないであろう。そして、東大寺や西大寺の資料からは、中世と同様に、遁世とそれ以外の僧侶グループが存在して、どちらにも別受形式すなわち白四羯磨形式の具足戒受戒が、近世までは継承されたが、後に消失したと思われる。とすれば、やはり白四羯磨形式の受戒が消失したのは、明治の廃仏毀釈以後のことであろうと推定するのがもっとも妥当なように思われる。

六　むすび

以上、現在の戒壇院において行われた具足戒授戒が白四羯磨形式のものではなく、三聚浄戒羯磨であったことから考察を始めた。そこからは叡尊の集団によって実行されていた通受の形式が踏襲されていたことが知られた。基本は中世の律宗の復興によって成立した通受形式の具足戒授戒が行われているということになる。元休が『徹底章』で述べていることが、ほぼ正しかったことが、確認されたことになろう。

しかしながら、中世の律宗の復興だけでは説明の付かないものが、先に触れた三連の掛け軸の文言であった。道宣の『戒壇図経』に基づくと思われる文章が、現在でも使用されているのであり、それは鑑真以来の伝統と推定することができる。道宣、鑑真の名称が掛け軸に登場することからすれば、淵源は鑑真の来朝による伝戒に遡るのであろう。しかしながら、具体的には通受が生き残っている。結局、日本独特の具足戒授戒が生まれ、現在も南都に継承されているのである。

註

(1)『菩薩戒通別二受鈔』の(1)の当該文は、蓑輪顕量『中世初期南都戒律復興の研究』(以下『戒律復興』と略す)法藏館、一九九九年、四九四頁一～三、(2)の当該文は同四九四頁九～一一。
(2)『戒律復興』五一二頁一六～五一三頁二。
(3)『戒律復興』五〇三頁三～四。
(4)『日本大蔵経』七四・二五〇頁下。
(5)『大正新脩大蔵経』(以下『大正蔵』)二四・一〇〇七頁上。
(6)『大正蔵』七四・六二一頁中。
(7)『大正蔵』七四・五七頁下～五八頁上。
(8)『大正蔵』六二・九八頁上。
(9)『大正蔵』七四・二五頁下。
(10)『大正蔵』七四・二八頁中。
(11)『大正蔵』七四・三四頁中。
(12)『大正蔵』四五・八一五頁下。
(13)西大寺蔵書本(未翻刻)四丁表～裏。
(14)東大寺図書館一四二函収蔵『受戒会年預掰記』(未翻刻)。
(15)東大寺図書館一四二函収蔵『受戒会年預掰記』(未翻刻)。
(16)東大史料編纂所　架蔵番号　西大寺文書〇〇〇〇九五七七号。

参考文献
永村　眞『中世東大寺の組織と経営』（塙書房、一九八九年）
永村　眞『中世寺院資料論』（吉川弘文館、二〇〇〇年）
拙　著『中世初期南都戒律復興の研究』（法藏館、一九九九年）
拙　稿「仏教学から見た中世律宗の革新性――授戒儀の変遷を中心に――」（『戒律文化』創刊号、二〇〇二年三月、一八～三三頁）

玉木興慈

親鸞と戒律

――無戒名字の比丘――

玉木興慈（たまき　こうじ）

一九六九年生まれ、大阪府出身。京都大学文学部哲学科卒業、龍谷大学大学院文学研究科真宗学専攻博士後期課程単位取得依願退学。龍谷大学文学部専任講師、同大学短期大学部准教授を経て、現在、龍谷大学文学部教授。専門は真宗学。

主要著書・論文

『歎異抄のことば』（本願寺出版社、二〇一五年）

「仏教共生学の構築に向けて――親鸞の思想に立脚して――」（鍋島直樹・玉木興慈・井上善幸編『地球と人間のつながり　仏教の共生観』ＯＲＣ研究叢書11、法藏館、二〇一一年）

「大悲を行ずる人――信心の行者のすがた――」（長上深雪編『仏教社会福祉の可能性』ＯＲＣ研究叢書9、法藏館、二〇一二年）

「『教行信証』「真仏土巻」における『大阿弥陀経』の引用意図」（大田利生編『浄土思想の成立と展開』永田文昌堂、二〇一七年）

ほか多数。

一　はじめに

副題の「無戒名字」は、親鸞聖人（一一七三～一二六三、以下尊称を略す）の著作においては二度用いられる表現である。一は、『顕浄土真実教行文類』（以下、『教行信証』）の第六「化身土巻」に引かれる『末法灯明記』の文において、二は「正像末和讃」においてである。

いはゆる如来、縁覚・声聞および前三果、得定の凡夫、持戒・破戒・無戒名字、それ次いでのごとし、名づけて正・像・末の時の無価の宝とするなり。初めの四つは正法時、次の三つは像法時、後の一つは末法時なり。これによりてあきらかに知んぬ、破戒・無戒ことごとくこれ真宝なり。(1)

無戒名字の比丘なれど　末法濁世の世となりて
舎利弗・目連にひとしくて　供養恭敬をすすめしむ[2]

親鸞は「化身土巻」に『末法灯明記』のほぼ全文を引用する。[3] 現在の学界の理解は措くとしても、[4] 親鸞が最澄の撰述として引用するものである。その引用文において、無戒名字の同義語として、「名字の比丘」「名字」「名字の僧」などがある。

小論では、親鸞が「無戒名字の比丘」と表現する真意をうかがい、その現実的な意義を提示できればと考える。まず、その基本的な語義を確認するために、『戒律を知るための小辞典[5]』によって、項目とその説明を紹介する。

【戒律】　戒と律との合成語。戒は自発的な戒めであり、律は集団の規則である。戒と律は互いに補助し合う関係にあるので、中国仏教において「戒律」という熟語が用いられ、修行者の原理および規範の意味となった。

【戒】　広範な意味があるが、次の三つに集約される。

㈠　つつしみ、戒めの意。

㈡　教義学においては、三学・六波羅蜜の一つとされ、仏教道徳の総称として使用される。

(三) 釈尊は集団生活に不都合なことが起こるたびに、その行為に対して規則を設けたが、集団の規則を「律」と呼び、僧が修行規則を守ろうとする自発的な心がけのことを「戒」と呼ぶ。

【律】 釈尊が制した戒めのこと。

【名字比丘】 名前だけの比丘。実のない無戒の僧のこと。

【無戒】 (一)戒体を領納することがない者のことで、名字比丘に同じ。(二)受戒・持戒にとらわれない、戒の精神をいう。なんの戒も受けていないことで、『末法灯明記』にもとづき、親鸞が『顕浄土真実教行証文類』の中で、自らの立場として説く。

以下、まず、親鸞の仏教の特徴について概観する。次に、『末法灯明記』に見る「無戒名字」の「比丘」について記し、戒を持たない者を「我が弟子」と記す親鸞の真意をうかがうべく、『教行信証』「信巻」の真仏弟子釈を手がかりとして、真仏弟子・常行大悲へ愚考を論ずることとする。

二　親鸞の仏教の特徴

親鸞の仏教において「戒」が語られるのは、衆生においてではなく、阿弥陀仏においてである。

『仏説無量寿経』の法蔵菩薩の発願修行に六波羅蜜が示される。(6)

欲覚・瞋覚・害覚を生ぜず。欲想・瞋想・害想を起さず。色・声・香・味の法に着せず。忍力成就して衆苦を計らず。少欲知足にして染・恚・痴なし。三昧常寂にして智慧無碍なり。虚偽諂曲の心あることなし。和顔愛語にして意を先にして承問す。勇猛精進にして志願倦きことなし。もつぱら清白の法を求めて、もつて群生を恵利しき。三宝を恭敬し、師長に奉事しき。大荘厳をもつて衆行を具足して、もろもろの衆生をして功徳成就せしむ。空・無相・無願の法に住して作なく起なく、法は化のごとしと観じて、粗言の自害と害彼と、彼此ともに害するを遠離し、善語の自利と利人と、人我兼ねて利するを修習す。国を棄て王を捐てて財色を絶ち去け、みづから六波羅蜜を行じ、人を教へて行ぜしむ。

六波羅蜜の語自体は用いられないが、(7)『教行信証』「信巻」三一問答の三心（至心・信楽・欲生）の御自釈において、それぞれ次のように記される。

至心釈……如来、一切苦悩の衆生海を悲憫して、不可思議兆載永劫において、菩薩の行を行じたまひし。(8)

信楽釈……如来、菩薩の行を行じたまひし。(9)

欲生釈……如来、一切苦悩の群生海を矜哀して、菩薩の行を行じたまひし。(10)

この三心は、『仏説無量寿経』上巻に説かれる第十八願の三心（至心・信楽・欲生）であるから、第十九願・第二十願の三心（至心・発願・欲生、至心・廻向・欲生）と並んで、願文当面においては紛れもなく行者自身の心と解すべきである。しかし、親鸞は三一問答の字訓釈・法義釈を通して、この三心を阿弥陀仏の心と解する。(11)種々議論される点であるが、筆者の見解を簡潔に論ぜば、字訓釈・法義釈を通じて、親鸞は三心を「疑蓋無雑」と明かす。その疑蓋とは、通仏教的（通途）には無明・煩悩と同義と解することができるが、別途では「本願を疑う心」と解する。これらは、中村元『仏教語大辞典』(12)、岡村周薩『真宗大辞典』(13)、金子大栄・大原性実・星野元豊『真宗新辞典』(14)などの辞典類に示される理解である。江戸期の講録を参照すれば、これらの辞典の説明の淵源を見いだしうるが、はたしてこの説明が妥当であろうか甚だ疑問に感ずる。親鸞が『教行信証』において、一つの語を、ある箇所では通途の意で用い、別の箇所では別途の意で用いるとは常識的には考えられない。(15)一つの語を二様で用いるとすれば、「ここではこの意で記す」などの註記があると考えるのが穏当である。親鸞が疑蓋無雑と明かす阿弥陀仏の本願は「本願海」(16)「大智海」(17)「大信海」(18)などとも形容され、『教行信証』「信巻」でたとえば次の如く讃嘆する。

おほよそ大信海を案ずれば、貴賤緇素を簡ばず、男女・老少をいはず、造罪の多少を問はず、修行の久近を論ぜず、……

同様の内容は、法然の『選択本願念仏集』にも見つけることができる。(19)

もしそれ造像起塔をもつて本願となさば、貧窮困乏の類はさだめて往生の望みを絶たん。しかも富貴のものは少なく、貧賤のものははなはだ多し。もし智慧高才をもつて本願となさば、愚鈍下智のものはさだめて往生の望みを絶たん。しかも智慧のものは少なく、愚痴のものははなはだ多し。もし多聞多見をもつて本願となさば、少聞少見の輩はさだめて往生の望みを絶たん。しかも多聞のものは少なく、少聞のものははなはだ多し。もし持戒持律をもつて本願となさば、破戒無戒の人はさだめて往生の望みを絶たん。しかも持戒のものは少なく、破戒のものははなはだ多し。

大慈大悲と讃嘆される阿弥陀仏の本願は、一切衆生を一切分け隔てなく摂取して捨てないという、この文言を読んで（聞いて）、尊い言葉であると有り難く拝受する立場と、このような見解は仏教にはないと憤慨する立場の両者が想定される。

前者は、多くの罪を造り、わずかな修行もおぼつかないと己の能を思量する者であり、後者は、少しの罪しか造らず、すでに久しく修行を貫徹していると己の能を思量する者である。阿弥陀仏の本願をその如く信受する親鸞が、前者であることは言うまでもない。

三 『末法灯明記』に見る「無戒名字」の「比丘」

仏教の歴史観として、正法・像法・末法の三時思想がある。正法の前には在世、末法の後には法滅も指摘されるが、ここでは『末法灯明記』に基づいて三時思想を考える。正像末の三時については諸説あり、また、釈尊入滅についても一様ではないが、浄土真宗七高僧の道綽禅師（五六二〜六四五）にならい[20]、親鸞は、今の時を末法と認識し、「もし戒法あらば破戒あるべし。すでに戒法なし、いづれの戒を破せんによりてか破戒あらんや。」と述べる[21]。すなわち、戒があるのであれば、その戒を破るということもあるが、末法にはすでに持つべき戒がないのであるから、どの戒を破って破戒ということがあろうかと述べ、今は持つべき戒がない無戒という時であるとする。この末法に生きる僧を「名字の比丘」「名字」「名字の僧」「無戒名字の比丘」と表現する。「名ばかりの僧」「名ばかりの比丘」ということである。この無戒名字の比丘が「世の真宝」と讃嘆されるのである。「名ばかり」とは、実の伴わない存在の意であり、批判・非難の対象とされる語であるが、親鸞は、『末法灯明記』に基づいて、名ばかりの僧が、末法に輝ける真実の宝であると理解するのである。それは何故か。『末法灯明記』の次の文がこれを解き明かす。(22)

たとへば真金を無価の宝とするがごとし。もし真金なくは銀を無価の宝とす。もし銀なくは、鍮石・偽宝を無価とす。もし偽宝なくは、赤白銅・鉄・白錫・鉛を無価とす。かくのごとき一切世間の宝なれども仏法無価なり。もし仏宝ましまさずは、縁覚無上なり。もし縁覚なくは、羅漢無上なり。もし羅漢なくは、余の賢聖衆もつて無上なり。もし余の賢聖衆なくは、得定の凡夫もつて無上とす。もし得定の凡夫なくは、浄持戒をもつて無上とす。もし浄持戒なくは、漏戒の比丘をもつて無上とす。もし漏戒なくは、剃除鬚髪して身に袈裟を着たる名字の比丘を無上の宝とす。余の九十五種の異道に比するに、もつとも第一とす。世の供を受くべし、物のための初めの福田なり。なにをもつてのゆゑに、よく身を破る衆生、怖畏するところなるがゆゑに。護持養育して、この人を安置することあらんは、久しからずして忍地を得ん。

金属の中で最も尊いものは金である。しかし、金がなければ銀が最上の宝となる。銀がなければ真鍮などの偽りの宝が最上とされる。これと同様に、仏教で最も尊いのは仏の教えである。しかし仏がいなければ、縁覚・阿羅漢などが最尊とされる。そして、「得定の凡夫」→「浄持戒」→「漏戒の比丘」→「名字の比丘」と順次示され、末法に於いては、「名字の比丘」が最も尊いとされる。

我々が「無戒の比丘」「名字の比丘」の語に接する時、「無戒」「名字（名ばかり）」の語に着目するが、むしろ「比丘」の語に留意すべきである。九十五種の異道（仏教以外の教え）を頼りとする者に比すれば、無戒名字の比丘は最も尊いと断言されるからである。それ故、世間から供養を受けることができるという。「無戒名字の比丘」の字句が出る冒頭の「正像末和讃」の明かす点でもある。では何故、無戒名字の比丘が供養を受けることができるのであろうか。生涯、五逆十悪を造り続けるしかない衆生に対して、仏の真実を語るからである。次の文から知られる。[23]

もし衆生ありて、わが法のために剃除鬚髪し袈裟を被服せんは、たとひ戒を持たずとも、かれらはことごとくすでに涅槃の印のために印せらるるなり。

戒を持たずとも、仏の教えを聞き、剃除鬚髪して袈裟を被服する者を「我が弟子」と呼称するのである。[24]

四　真仏弟子と常行大悲

親鸞は『教行信証』「信巻」真仏弟子釈において、次の御自釈を記す。(25)

真の仏弟子といふは、真の言は偽に対し仮に対するなり。弟子とは釈迦諸仏の弟子なり、金剛心の行人なり。この信行によりてかならず大涅槃を超証すべきがゆゑに、真の仏弟子といふ。

真仏弟子とは、阿弥陀仏の本願を聞信することのできた獲信者である。親鸞が『一念多念文意』に、

「凡夫」といふは、無明煩悩われらが身にみちみちて、欲もおほく、いかり、はらだち、そねみ、ねたむこころおほくひまなくして、臨終の一念にいたるまでとどまらず、きえず、たえず

と記すように、(26)獲信者といえども、臨終の一念まで煩悩を具足する存在である。と同時に、同じく『一念多念文意』に、「正定聚」の左訓として、「カナラズホトケニナルベキミトナレルトナリ」と示すように、(27)現生に正定聚に定まる存在でもある。親鸞の現生正定聚の理解は、臨終来迎に対峙して表

明されたものである(28)。すなわち『末燈鈔』第一通に次のごとき説示がある(29)。

来迎は諸行往生にあり、自力の行者なるがゆゑに。臨終といふことは、諸行往生のひとにいふべし、いまだ真実の信心をえざるがゆゑなり。また十悪・五逆の罪人のはじめて善知識にあうて、すすめらるるときにいふことなり。真実信心の行人は、摂取不捨のゆゑに正定聚の位に住す。このゆゑに臨終まつことなし、来迎たのむことなし。信心の定まるとき往生また定まるなり。来迎の儀則をまたず。

第十八願の信心の行者は、「臨終まつことなし」「来迎たのむことなし」と示されるように、信心の定まる時に往生が定まるというのである。往生が定まることと、往生することの異同には峻厳でなければならない。同様に、成仏が定まることと、成仏することの異同にも峻厳でなければならない。臨終の一念まで罪悪深重・煩悩熾盛である衆生が、現世で成仏するとは親鸞思想からは語り得ない。娑婆の縁の尽きる時、浄土に往生し、即、成仏するのである。信心の定まる時に、往生すること・成仏することが定まるのである。

この信心の行者（獲信者）の称える念仏は、自身の往生・成仏のための念仏ではない。往生一定であるからである。この者の念仏は、阿弥陀仏に向かっては、報恩感謝の念仏といえる。一方、この者の称える念仏は、阿弥陀仏を讃嘆する念仏であり、阿弥陀仏の真実を語る念仏である。狭義には六字の名号を称えることであり、広義には阿弥陀仏の真実を語る説法である。この獲信者の語る声を、親鸞は道綽の『安楽集』から引文し、[30]

もしもつぱら念仏相続して断えざれば、その命終に随ひてさだめて安楽に生ぜん。もしよく展転してあひ勧めて念仏を行ぜしむるは、これらをことごとく大悲を行ずる人と名づく。

と説く。つまり、自ら念仏を称えることが大悲を行ずることではなく、他者に念仏を行ぜしめることができる点を指して、大悲を行ずると規定するのである。念仏を行ぜしめるとは、阿弥陀仏の真実に出遇わしめるということである。しかし、獲信者自身の努力によって、他者を導くのではない。阿弥陀仏の大悲のはたらきが自然に弘まる、そのはたらきに参画し、参与することができるという意である。善導の『往生礼讃』の文を、智昇の『集諸経礼懺儀』から引文し、「大悲伝普化」ではなく、「大悲弘普化」と表現する親鸞の意図を真摯に汲みたい。[31]

中村元『仏教語大辞典』の「菩薩」の項によれば、[32]「仏の智慧を得るために修行している人。さとりを求める人」という説明があり、続いて、「後に大乗仏教の解釈によると、そこに利他的意義を含め、大乗の修行者をいう。自ら仏道を求め、他人を救済し、さとらせる者。上に向かっては菩提を求め、下に向かっては衆生を教化しようとする人」とある。往生・成仏が「定まる」と示す親鸞は、現生に於いて往生・成仏を語ることはない。この意味に於いて獲信者は、自利を歩む存在である。一方、阿弥陀仏の常行大悲のはたらきに参与するという意味に於いては、利他を担うということができるであろう。さすれば、この獲信者の姿こそ、大乗仏教の菩薩道の真髄であると言い得るのである。(33)

五　むすびにかえて

「無戒名字の比丘」の「無戒」「名字」に着目すれば、この表現に積極的な意義を見いだすことは困難である。しかし、末法における「無戒名字の比丘」が「世の真宝」とされる点に着目すれば、「無戒名字の比丘」が最高級の讃辞であると考えられる。だが、「無戒名字の比丘」が、自身を「世の真宝」と自認するわけではない。自身は煩悩具足・罪悪深重の凡夫である。自身の煩悩の姿は恥ずべき姿である。しかし、恥ずべき自身が語る阿弥陀仏の真実を決して恥じることはない。『教行信証』「信巻」別序と、後序に次の御自釈がある。

仏恩の深重なるを念じて、人倫の哢言を恥ぢず。(34)

仏恩の深きことを念うて、人倫の嘲りを恥ぢず。[35]

親鸞は、自らの姿を恥じる想いを強烈に抱いていた。しかし、自身が出遇うことのできた阿弥陀仏の真実を自身が語ることには、他からの嘲りを恥じることがないと喝破する。

「自身の相は慚愧すべきであるが、自身をつつむ本願の大悲を恥じることはない」という、この求道・聞法の相が、末法濁世に於いて最も輝ける相なのである。

註

（1）『浄土真宗聖典全書Ⅱ』（浄土真宗本願寺派総合研究所）二一六頁。以下、本書からの引用は頁数のみ記す。傍点は引用者。

（2）五二三頁。

（3）「乃至」として引用されない箇所についての精緻な研究として、殿内恒「『末法灯明記』の意義についての一考察――親鸞の引用態度を中心に――」（『真宗学』第一一一・一一二合併号、二〇〇五年）がある。

（4）前掲註（3）殿内論文においても指摘される如く、近年の学界の傾向としては、最澄（七六六または七六七～八二二）撰述を疑う説が有力であろう。

（5）淺田正博編、龍谷大学仏教文化研究所叢書三一、永田文昌堂、二〇一四年。

(6)『浄土真宗聖典全書Ⅰ』(浄土真宗本願寺派総合研究所)三三一頁。
(7)讃仏偈には、「戒と聞と精進と三昧と智慧との威徳は、侶なくして、殊勝にして希有なり。」とうたわれ、「戒」の字句が見える。
(8)八〇頁。
(9)八三頁。
(10)八七頁。
(11)筆者の見解は、拙稿「親鸞思想における疑蓋の意味」(『真宗学』第一一一・一一二合併号、二〇〇五年)に論じた。
(12)『仏教語大辞典』東京書籍、一九七五年、二二〇頁。
(13)『真宗大辞典』永田文昌堂、一九七二年、二七七頁。
(14)『真宗新辞典』法藏館、一九八三年、九三頁。
(15)通途・別途に関しては、村上速水「真宗の無明義に関する一試論」(『龍谷大学論集』四一二号、一九七八年。後、『続・親鸞教義の研究』永田文昌堂、一九八九年。頁数は後者)に、「無明に通別両義を立てる必要はない」(二二二頁)と記され、氏は更に、「真宗学における従来の聖教解釈の姿勢には反省すべきものがある」(二二九頁)、「先ず義を立てて文を裁いているわけで、果たして文の真意を得ているかどうか不明である。われわれは先ず文当面の意義を明らかにすることに努めなければならない」(二二二頁)とも厳しく指摘する。また、最近では内藤知康『正信偈』(法藏館、二〇一七年、三八八頁)にも、「親鸞聖人が長い歴史を持つ仏教用語を何の断りもなく違った意味で用いるとは考え難い」と記される。
(16)六一頁。
(17)六三頁。

(18) 九一頁、二〇九頁。
(19) 『浄土真宗聖典全書Ⅰ』一二七一頁。
(20) 『同』六一二頁。
(21) 二一五頁。
(22) 二一六頁。
(23) 二一九頁。
(24) 二二〇頁。
(25) 九八頁。
(26) 六七六頁。
(27) 六六四頁。
(28) 『仏説観無量寿経』下下品に「下品下生といふは、あるいは衆生ありて不善業たる五逆・十悪を作り、もろもろの不善を具せん。かくのごときの愚人、悪業をもつてのゆゑに悪道に堕し、多劫を経歴して苦を受くること窮まりなかるべし。かくのごときの愚人、命終らんとするときに臨みて、善知識の種々に安慰して、ために妙法を説き、教へて念仏せしむるに遇はん。……十念を具足して南無阿弥陀仏と称せしむ。仏名を称するがゆゑに、念々のなかにおいて八十億劫の生死の罪を除く。命終るとき金蓮華を見るに、なほ日輪のごとくしてその人の前に住せん。一念のあひだのごとくにすなはち極楽世界に往生することを得。」（『浄土真宗聖典全書Ⅰ』九七頁）とある。生涯、悪業を造り続けた者は、本来であれば、悪業の因によって悪道に堕する果を受けねばならないが、このような者が、臨終に善知識に出会い、尊い教えに出会い、念仏（観念・憶念・称念）することにより、阿弥陀仏がこの者の眼前に現れ、浄土に往生させるというのである。
　同様に、『仏説阿弥陀経』にも、「阿弥陀仏を説くを聞きて、名号を執持すること、もしは一日、もしは二日、もしは三日、もしは四日、もしは五日、もしは六日、もしは七日、一心にして乱れざれば、その人、命終のときに臨みて、阿弥陀仏、もろもろの聖衆と現じてその前にましまさん。この人終らんとき、心顚倒せずして、すなはち阿弥陀仏の極楽国土に往生することを得。」（『同』一〇八頁）とある。一日乃至七日、一心不乱に名号を執持すれば、臨終に阿弥陀仏が諸々の聖者と共に眼前に現れ、命終に浄土に往生させるという。

かかる臨終来迎に関して、親鸞は否定的な見解を表明する。現生正定聚がそれである。

(29) 七七七頁。

(30) 一〇一頁。傍点は筆者。

(31) 拙稿「『行ずることもなほかたし』考」（『真宗学』第一三六号、二〇一七年）、および「大悲伝普化と大悲弘普化」（川添泰信編『親鸞と浄土仏教の基礎的研究』永田文昌堂、二〇一七年に所収）を参照されたい。

(32) 一二一九頁。

(33) 拙稿「「信巻」真仏弟子釈についての一考察」（『真宗学』第一一八号、二〇〇八年）、および「「信巻」真仏弟子釈についての一考察（二）」（『真宗学』第一一九・一二〇合併号、二〇〇九年）を参照されたい。

(34) 『教行信証』「信巻」別序、六五頁。

(35) 『教行信証』後序、二五五頁。

薬師寺の法会

修《しゅ》二《に》会《え》花《はな》会《え》式《しき》

奈良に春の訪れを告げるといわれる行事が薬師寺の修二会です。修二会の名称のとおり二月の行事ですが、現在は旧暦二月末である三月二十五日から三十一日の七日間勤修されます。

修二会は国家繁栄と五穀豊穣、万民豊楽などを祈る春の行事で、奈良の大寺で行われていました。各行事の特色により通称で呼び親しまれ、特に東大寺のお水取りが有名です。薬師寺の場合は堀河天皇の御代、嘉承三年（一一〇八）より造花がご本尊に供えられるようになり通称「花会式」と呼ばれています。

花会式では十人の僧侶が精進潔斎し一日六回の行法《ぎょうぼう》を勤めます。まず薬師如来の宝前で自他が犯した罪を懺悔《さんげ》し、自身はより良い生

き方に、同時に他者の幸せを祈る「薬師《やくし》悔過《けか》」の行法が行われます。約四十分の法要は時に静かに落ち着いた声で、時に心地よいリズミカルな節回しで、時に絶叫に近い大音声《だいおんじょう》で唱えられます。音楽的にも高く評価される薬師悔過ですが、これは人間が罪を自覚し、反省し、幸せを祈るという心境が生々しく反映された結果ではないかと感じます。さらにこれらの思いが自己を超えて他者・国民全体に思いが及んだ時に、言葉を超えた大きな感動のようなものが堂内に漂います。

薬師悔過に続く「大導師作法」では最高位の僧である大導師が国家繁栄・五穀豊穣等を祈り、咒師《しゅし》が悪鬼外道が法要を妨げないように刀を持って堂内を走る等、密教の作法で結界を張ります。

日中の法要ではお香・お花・お茶のお供えや芸能の奉納、結願《けちがん》（最後の法要）では激しく暴れまわる鬼を沈める「鬼追い式」など華やかな一面もあり、多様な表情をもつ薬師寺最大の行事です。

解説＝加藤大覺（薬師寺）
写真提供＝薬師寺

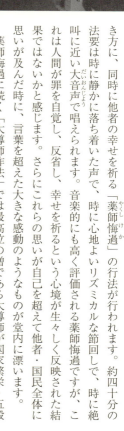

第Ⅳ部

東日本大震災と仏教

――仏道の現代的意義――

大谷徹奘

【基調講演】

今、仏教に何ができるか

——被災地をめぐって——

大谷徹奘（おおたに　てつじょう）

一九六三年生まれ、東京都出身。十七歳の時、故・高田好胤薬師寺住職に師事して薬師寺の僧侶となる。龍谷大学文学部仏教学科卒業、同大学院修士課程修了。法相宗大本山薬師寺執事、水雲山潮音寺副住職などを経て、現在、法相宗大本山薬師寺副執事長。

主要著書・論文

『静思《じょうし》のすすめ』（文春新書、二〇一〇年）
『修《なお》しながら行《すす》むから修行という』（講談社、二〇一三年）
『そうだったのか！　般若心経』（悟空出版、二〇一五年）
『こころの薬箱』（北國新聞社、二〇一五年）
『よっぽどの縁ですね』（小学館、二〇一七年）
ほか多数。

薬師寺の大谷でございます。どうぞよろしくお願いいたします。

私は十七歳の高校二年生のときに、高田好胤という和尚さまに誘われて、このお寺の小僧になりました。別に、薬師寺のお坊さまになりたかったわけでも、薬師寺というお寺に入って偉くなりたかったわけでもありません。高田好胤というお方がお話なさっているお姿を見て、ただあこがれて、私はお坊さんになりました。

私の父は東京の深川にあるお寺の第十八代の住職で、大正大学で教鞭をとり、法然上人さまや永観さまなどを専門に研究している学者でございました。父はいつ寝ているのかもわからないくらい研究熱心な人で、私の実家は若いお坊さんたちの養成所のようになっていました。私は兄と妹と両親とで五人家族なんですが、若いお坊さんたちが常に一緒でしたので、家族だけでご飯を食べたという記憶は二回しかありません。いつも父が若い人たちを指導している姿を見て育ちました。そんなある日のこと、私は高田好胤というお人にお出会いし、「うわっ、格好いいな」と思ってついていき、薬師寺の僧侶となりました。

四十歳になった頃、茨城県の潮来《いたこ》市にある薬師寺の東関東別院を建て直すように命じられ、六年かけて、お寺の復興を終えました。それが九月のことでした。「さあ、これから」というとき東日本大震災が起きて、液状化によってお寺が壊滅しました。敷地が八千坪あって、建物も十六棟あったんですが、そのうちの十三棟をつぶさなければならない状態になりました。地震報道ではあまり取り上げられませんでしたが、液状化というのはすごいものですね。建物が十五センチも傾き、そのせいで座っていられない。酔ってしまいます。ですから、高座の下に石や板を入れたり、体を曲げたりして、お経をあげなければならない。そんな状態が続きました。しかし、この震災で私も仲間も傷つくことはありませんでした。そこで、私は一僧侶として、被災地に入らせてもらおうと思ったのです。

震災の直後には薬師寺で「花会式《はなえしき》」という一大行事があったため、すぐには入れませんでした。ようやく落ち着いた四月、私は山形まで飛行機で行き、山形の友人に連れていってもらい、石巻に入りました。そこには、驚くべき光景が広がっていました。

その頃の私は、人に頼まれて一年間で三百回も法話をする日暮らしをしており、自分を恃むところがありましたから、被災地に入っても「何かしてあげられるだろう」という自惚《うぬぼ》れがありました。世間的な言葉で言うと、恥ずかしながら「上から目線」だったのだと思います。しかし、入ってみるとそこは、地獄図でした。高台から町を見たとき、思わず私は「ここに生まれてなくて良かった」とつぶやいてしまいました。今まで僧侶として仏さまの教えを説き伝え、人さまのお手伝いをしてきたつ

液状化によって被災した薬師寺東関東別院 潮音寺

もりでしたのに、石巻のすがたを見て私の口をついて出てきた言葉が「ここに生まれてなくて良かった」だったのです。帰ってきて四カ月後の私は、鬱病状態でした。

私のお預かりしているお寺が震災にあったとき、私は東京から車で一時間半か二時間ほどかけてお寺に行き、一日中、働くだけ働いて、夜の十一時ぐらいにはお寺にもどるという毎日でした。お酒なんかを飲むと、その日の仕事ができなくなるので、六年間、一滴もお酒を飲みませんでした。それほどに、お寺の復興のために務めてまいりました。ところが、石巻の経験は今までの私の仏教が、その学問や活動が机の上の平穏なものにすぎないことを教えてくれました。何をしていいのか、何をすべきなのか、全く分からなくなりました。それからは、随分、お酒を飲みました。お酒でも飲まないと心が落ち着かなかったのです。しかし、いくら飲んでも眠れない。一人になると寂しいものだから、皆を連れては騒ぎ、懸命に気を紛らわせていました。そんな折り、医療関係の人から「徹奘さん、鬱病の検査を受けてください」と言われました。結婚してから一回も私の法話会に来たことのない家内が、その頃、いつも連れ立って来ていました。その家内が後日私に、「この人、もうちょっとでいっちゃうんじゃないかと思った」とも言っていました。それほどに私は、追い込まれていたのです。

今ふりかえってみると、四月から八月ぐらいまでの記憶が私にはほとんどありません。自分のお寺は地震のためパニック状態になっている。私自身も、地震に揺られ津波に流されたように、自分を見失い、自分がまったくない状態になっていました。そんな私を助けてくださったお方が公慶上人でした。公慶上人は元禄時代に東大寺の復興をなさったお方で、ご苦労をなさって今の大仏殿をご修理なさいました。あれは震災の年の八月七日のことでした。その日、大仏殿でお身拭があるというので、早朝、家内と一緒に東大寺の大仏殿に行くことにしました。太陽があたっている大仏殿に向かって歩いていると、不思議なことに公慶上人が出てこられ、私にこうおっしゃいました。「徹奘、おまえ、いじけているのか」と。「すみません、いじけています」と言ったら、「ばか者、仏道を歩む者がこんなことでくじけていて、どうするんだ」とおっしゃいました。その瞬間、ばーんと頭を殴られたような気がし、自分で自分を悪い方向に落とし込んでいたことに気づかせていただきました。「しまった。一番やってはいないことをしていた」と思い、公慶上人に謝ろうと思ってお姿をお捜ししましたが、もういらっしゃらなかった。

それから、大仏殿に入りました。そこで、かつて龍谷大学の渡邊隆生先生の研究室で一緒に学んでいた東大寺の上司《かみつかさ》永照《えいしょう》さんに出会いました。開口一番、「徹奘がいじけているという噂を聞いているぞ」と言われました。「うん、いじけてる。だけど、さっきね、公慶さんが出てきて、「おまえ、何をやってるんだ、ばかやろう」って怒鳴られて、ちょっと気が楽なった」と言ったら、永照さんが私に向かって「ああ、公慶さんが出てきたか」と当たり前のように言う。「ああ、そうなのか。私だけに見えていたわけではなく、東大寺でご修行なさっているお坊さん達にも見えるのか」と思いました。

そして、大仏殿を出て大仏殿前の鏡池にきたとき、ふと父のことを思い出しました。というのは、東大寺の大仏殿の正面に永観律師のお造りになった燈籠があり、私の父がその造立由来の専門研究家だったからです。鏡池の横を歩きながら、父の苦難の人生を思いかえしていました。父は昭和九年（一九三四）九月九日の生まれで、東京の大空襲のときに自分だけが埼玉県に縁故疎開していて、一族全滅で孤児になりました。そして、親戚の家をたらい回しにされ、苦労しました。厳しい道を歩かれた公慶上人。そして、私の父もまた厳しい人生を歩んできた。「そういう人に比べたら、まだ、何でもできるじゃないか」って、自分で腹をくくって、頑張ろうと思ったのです。

皆さんに、これから六分間、ＮＨＫの特集で放映されたビデオを見ていただきます。その冒頭に映る私の顔をまずご覧下さい。鬱病のような顔をしています。しゃべってはいますが、ぼそぼそとしかしゃべることができない状態にあります。しかし、私は公慶上人に喝を入れられました。このビデオを見ていただいた後、被災地で勉強させていただいたことを皆さんにお伝えさせていただきます。

〈ビデオ部分〉

記者　潮音寺で、去年、行なわれた万燈会です。先祖の名前や願い事などが書かれた燈籠、一万燈ばかりが寺の境内に並べられました。五カ月前の東日本大震災、潮音寺のある潮来市日の出地区は、地盤の液状化で住宅や電柱が傾き、道路は波打つほどの深刻な被害が出ました。潮音寺でも、本堂こそ無事でしたが、建物の多くが壊れました。石造りの燈籠のほとんどが倒れ、万燈会を開ける状態ではありませんでした。潮音寺の副住職の大谷徹奘さんは、寺に大きな被害が出ても、被災して市民の気持ちが沈んでいる今こそ、万燈会を開きたいと考えました。

大谷　亡くなられた二万人の方たちの追悼が少しでもしたかった。ちょうど初盆ですし、一日でもいいからやりたいと思ったんです。

記者　全国各地から集まった義援金で境内を整地することができ、万燈会が開ける状態になりました。今年は震災の犠牲者の霊を慰めようと、境内に並べる各個の燈籠を一つひとつに、地震や津波で亡くなった方たちの名前を書き込みました。震災で亡くなった人や行方が分からなかった人の数と同じ、およそ二万個の燈籠が並べられていきます。地域の子どもたちも協力してくれ、境内いっぱいに燈籠が敷き詰められました。万燈会の当日。お経があげられ、震災の犠牲者の供養が始まりました。大谷さんが燈籠に込めた思いを訪れた人たちに伝えます。

大谷　今日、来られた方に、万燈会を楽しんでいただくのは本当にありがたいことですが、そのときに、この燈籠と同じ数のお命が三月十一日に亡くなっているんだということを、私は皆さん方に感じていただきたかった。

記者　辺りが暗くなると、温かな炎の揺らめきが境内中に広がりました。境内には「がんばれ日本」の文字が掲げられました。また、日本列島の地図。そして「絆」の文字も描かれました。子どもたちの願いが込められた燈籠も見えます。会場は荘厳な雰囲気に包まれていました。

大谷　町の人たちと一緒に続けてきたお祭りが、震災後の今年も、こんなにたくさんの人たちとできたことに、本当にありがたかったなと思っています。苦しいこともいっぱいありましたが、こんな感動を与えていただいて、万燈会というのはもしかすると自分のことかもしれないなと、そんなふうに思います。

頑張らなきゃならないのは、自分じゃないかと思いました。被災地に行くのはつらかったですが、「ここで逃げれば、次も逃げるぞ」と自分に言い聞かせ、被災地に入りました。しかし、どうしていいか分からない。そのとき私の心に浮かんだのは、高田好胤いうお方のお弟子にしていただき、仏道修行を続けてきた自分のあり方でした。解決策はまったく見えなかったので、いろいろな人の悩みを聞くことにしました。すると、「家族全員が、みんな津波で死んでしまい、遺体が見つからない。私だけがなぜ残ってしまったのか。私の生きていく意義はどこにあるのか」等々の深刻な悩みが出てまいりました。とても私にはお答えすることができません。どんなに言われたって、正直、分からないのです。そんなとき思ったのは、「もし、お釈迦さまだったら、お師匠さまだったら、何とおっしゃっただろう、どんな態度をお取りになられたのだろう」ということでした。

ことに原発の被害は深刻でした。原発というのは、まさに人間が造り出した「罪」そのものだと思

潮音寺の万燈会　平成23年８月13～16日

いました。福島第一原発から十一キロほどのところに浄林寺というお寺があります。原発のことが気になり、よくそこに行きました。しかし、何の役にもたちません。そこでご住職に「こんなに、しょっちゅう、しょっちゅう、私みたいな役立たずが来て、邪魔になっていませんか」と尋ねました。すると、ご住職が「徹奘さん、こうやって寄り添って、忘れないで来てくれるということが、一番ありがたいのです」とおっしゃいました。私は、何もできなくてもいいから、とにかく自分の人生をかけて、ずっと通い続けていこうと思いました。

町に行っても「忘れないで」とたくさん書いてあります。あの震災の折りに「絆」という言葉が広く使われましたが、「絆」とは「寄り添い」の意味だと私は思っています。じゃあ、寄り添って、どうなるのか。その意味をずっと考えていたときに、ふと合掌を思い出しました。合掌は、体の前で手を揃え真っすぐにしているのが一番きれいですね。少し手を離して見ると、右手も左手も真っすぐです。その真っすぐな両手が寄り添ったときに、きれいな合掌になるんです。「ああそうか」と思いました。被災地に行ったときに「何かしてあげよう」というのは間違っていた。被災地の人が「助けてくれ」と言うのも間違っている。被災した人も、被災してない人も、それぞれが自立して、そして、お互いがそれをくっつけて生きていく。それが、「寄り添い」の一番の姿だと思っています。

ですから、今も私は被災地に何度も行っています。今年も、七回忌の法要で気仙沼に参りました。石巻の集落も、震災以降ずっと巡っています。あれ以来、私は自分の命の許す限り、被災地に寄り添っていこうと決めたんです。震災が起きた次の年から、三月十一日は必ず石巻にいます。そして、時間があれば福島の二十キロ圏内のお寺を回って、法話をして歩いています。そして、いつ何時、私の住んでる地区に地震が起きるかもしれない。そのときどう行動するのか。そのための準備しておくことが、私は僧侶の役目ではないかなと思っています。

被災地に行きますと、一般の方ではとても入れない危険な場所であっても、法衣を来て「ご供養に来ました、お手伝いに来ました」と言うと入れて下さる。そして、法衣を着た私に、家族を亡くされたお方が、今まで言えなかった苦悩を打ち明けて下さるのです。お衣の力というのは、本当に大きい。お衣をまとった私は、仏さまのお弟子。仏さまのお弟子として、少しでも「こころの調整役」になっていければと思っています。

薬師寺というお寺はすごくいいお寺で、「みんなで法話をしに行きましょう」と言うと、薬師寺全体が動きます。また、「ばらばらで手分けして活動しましょう」と言うと、個々が分かれて動きます。小さなお寺だからこそできることです。小さなお寺には小さいお寺ならではの役目があるのではないか。そんなふうに思っています。

今、私は被災地を巡りながら、亡くなられた方々の命を無駄にしない生き方をしていきたいと考えています。先ほど私は、「ここで逃げれば、次も逃げるぞ」という気持ちで被災地に入ったと言いましたが、今は自分に「ここで逃げれば、過去に逃げた自分をつくることになる」と言い聞かせています。僧侶として精いっぱい勤めながら、何かがあったときに先頭に立って他人さまの導きができるような活動がしていきたいと思っています。それが震災をご縁としていただいた、今の私の生き方（仏道）です。

【講演1】

岩手県陸前高田市における浄土真宗本願寺派の対人支援について

金澤 豊

金澤　豊（かなざわ　ゆたか）

一九八〇年生まれ、京都府出身。龍谷大学文学部仏教学科卒業、同大学大学院文学研究科博士後期課程仏教学専攻修了。浄土真宗本願寺派総合研究所研究員を経て、現在、龍谷大学世界仏教文化研究センター博士研究員、国際日本文化研究センター共同研究員。博士（文学）。専門はインド仏教学、死生学。

主要著書・論文

「苦悩を抱える人々と共に居るということ」（宗教者災害支援連絡会編『災害支援ハンドブック　宗教者の実践とその協働』春秋社、二〇一六年）

「瞋恚と忍辱」（『真宗研究』第六一号、二〇一七年）

ほか多数。

一昨日まで、東北の三陸におり、戻って参りました。そこで、地元の奥さんからこんな話を聞いたのです。「金澤さん、阪神淡路大震災のときに「孤独死」という言葉が生まれたんですってね。簡単には比べられないけれどね、今、それよりも、もっと怖い状況になるんじゃないか。「絶望死」っていう言葉が生まれるんじゃないかと思ってるの。」とおっしゃいました。「奥さん、それは一体、どういうことですか。」とお伺いしますと、次のようなお話をなさいました。

震災のとき私は、屋根の上に必死で逃げて、命からがら助かりました。そのとき一緒に逃げたのがAさんという方。屋根の上まで水が来る状況のなか、肩を抱き合って助かった仲のAさんでした。しかし、Aさんは震災後、ご子息やご両親と一緒に家族そろって首都圏に移住されました。移住する際には「海で生まれ育った私だから、また戻ってきたい。いや、必ず戻ってくる。この町は、こんなにぐちゃぐちゃになってしまったけれど、私は必ずここに帰ってくる」と言って首都圏に行かれました。「あなたは首都圏で頑張り、私はこの地元で復興を見届けたい」とお互いに誓い合い、六年がたちました。少しずつ復興が進み、ようやく災害公営住宅が建ち始めたので、望郷の思いをやっとかなえて、Ａさんは帰ってこられました。懐かしい、嬉しい。私たちは抱き合って泣きながら再会を喜びました。「ここで、また一緒に暮らしていこうね。一緒にあの震災を体験した者同士、頑張っていこうね」って言っていたんですが、一週間後にお話をすると、どうも様子がおかしい。目の焦点が合ってなくて、「ここは本当に私の故郷なの？」ってぽつぽつと言う。津波ですべてが流されて、流されたあとの土地に五メートルから十メートルも土盛りがされ、震災以前に暮らしていた町は全くなくなってしまっていました。情報が首都圏にまで十分に行き渡っていなかったのです。Ａさんの虚ろな表情を見て、私は声を掛けることすらできませんでした。同じ未来を夢見て「共に頑張ろう」と言ってきたのに、六年たって、Ａさんは絶望しているし、ずっと地元で頑張ってきた私とこんなに心境が違ってしまったことに対して、私自身もどうなるのかと不安な気持ちでいっぱいなのです。

このようなお話をなさいました。私たちは、時間の経過とともに比例して復興すると考えがちですが、被災された人々の複雑な心情まで知りうることが難しくなっています。一緒に逃げた人同士ですら、絶望と希望の狭間で、気持ちがすれ違うことがあるのです。私たちは、いわゆる「被災地の現状はどうなっているのか」を知るのに、土地の状況等は写真やデータで見ることだけで、何か知った、得た気ではいませんでしょうか。失った家、土地、ふるさと、景色、止まることのない「被災地復興」という変化の中で被災なさった方々の気持ちはどうなっているのでしょうか。私たちは、この絶えず変化している人々の気持ちに関わることこそ、外部の人間が注視していくべき大切なことではないかと思っています。私自身が今日の報告で申し上げたい結論は、絶望、あるいは苦悩を抱えた人たちに、私たちがいかに関わることができるのか。そして、その絶望や苦悩を抱えた人に関わることこそが、仏の道をいただいている私ども宗教者の役割ではないかということです。そこで、宗教者による種々の役割の中でも本日は、「被災地域の宗教者を支える」という一点にしぼって、お話したいと思います。

人々の心は千差万別です。東日本大震災では約二万人の人が亡くなられて、十万人以上の方が遺族になられました。もちろん、強い遺族感情をお持ちの方もいらっしゃれば、直接身内を亡くされていなくても、何かを失ったような喪失感を抱えてしまった方もいらっしゃいます。それが二〇一一年三月十一日以降の暮らしのあり方だと思います。その中で、大きな被害を受けた被災地のお寺さんたちのストレスもまた、非常に大きいものがあります。なぜならば、その地域に根ざして長らく地域の方々と共に生き、仏事を執り行ってきた住職さま方は、震災以降より一層、人々の悩みを聞いて多くの苦悩を抱えた人々の受け皿となって、一生懸命に活躍してこられたからです。しかしながら、そのような被災地の宗教者の方々に対するケアというものは残念ながら、いまだに十全ではないように思われます。

　では、そのような方々を具体的にどのように支えるのかというと、二点あると考えます。まずは金銭面での支援が大いに必要だと思います。もう一点は、気持ちの面だと思います。その支援の方法は、具体的にいえば「直接訪問してお話を聞く」ということに尽きるかと思います。「なんだ、そんなことか。そんなことなら、あなたに言われなくても分かりますよ」とおっしゃるかも知れませんが、私が被災地に入って得た経験からすると、地元の住職だからこそ本音に蓋をしてしまい、苦悩を抱えていらっしゃる印象を持っています。「寺院は地域の精神的支柱であらねばならない」という尊い思いが、苦しみを増幅させているように思えてなりません。

　ニュースでは、さまざまな宗教者の活躍が報じられました。宗教者に情報交換や交流、ネットワークの構築、復興支援活動や地域の防災活動等が期待されていたからでしょう。実際のところ、宗教者の役割というものは幅広くありました。私などは、献花台の清掃にも関わらせていただきました。当然のことながら、人が亡くなられたところでは、多くの方々の気持ちが供花や塔婆の形をとって寄せられます。ところが、聖なる空間と化した場所の整理整頓は、宗教者に担ってもらわないと困惑が生じると伺いました。そんな折、「あんたお坊さんなんだろ？　私にはちょっと手が出せない。なんとか一緒に考えてくれないか」というお声を頂いて、献花台の清掃の手伝いをさせていただきました。

「奇跡の一本松」で有名な岩手県陸前高田市は、大震災で非常に大きな被害を被った地域として知

被災し全壊した陸前高田市民会館。入口に設置された献花台

られることになりました。その陸前高田市には、寺院が全部で二十三ありましたが、四カ寺が完全に流失してしまいました。陸前高田市内の寺院は震災前まで宗派は異なっても一体感があり、夏には共同での行事をなさっていたと聞きました。しかし、震災直後には「元の生活に戻るまで、それぞれが出来ることをするしかない」というバラバラの雰囲気になったそうです。私たちは外部の人間であり、何ができるのか分からない。しかし、何かできるはずだと考え、地元寺院のお檀家さまのお話を住職に代わって聞くなどのお手助けをしました。また苦悩している地元のご住職方の話を聞き、少しでも息抜きができるようにと考えました。寺院というものは、地元の人たちの問題解決の依り所として存在しま

仮設住宅敷地内のベンチで、住民のお話を聞く支援者

す。陸前高田市ではまさしく、被災したご住職が被災者を、そして遺族を支えていらっしゃいました。その地元のご住職を私たち外部の宗教者が支える。そういった支えの重層構造を構築していくことが今後の災害に備える上で重要なのではないかと思うようになりました。

もちろん、支える側も実は支えられています。私たちの支援活動は、陸前高田市の地元の人たちに支えられて行なうことができました。また、私は奈良市の淨教寺という浄土真宗本願寺派の寺院の僧侶です。阿弥陀さまのお慈悲をいただいてご法義をお伝えしているのですが、決して支える側の一方ではありません。淨教寺のお檀家の皆さまや奈良の地域の方々に支えていただき、今があるという思いを改めて強く致しております。

今回の震災で教えられたことは、苦悩を抱えた人を中心に、直接支える人、支える人を支える人、さらに支える人を底から支える人という支えの重層構造の構築が重要であるということであり、この点をご提案し、今後もささやかではありますが、自分にできる支援活動を続けていきたいと考えております。

安部智海

【講演2】

宮城県名取市における浄土真宗本願寺派の対人支援について

安部智海（あべ　ちかい）

一九七八年生まれ、山口県出身。龍谷大学文学部真宗学科卒業、同大学大学院文学研究科博士後期課程真宗学専攻単位取得退学。現在、浄土真宗本願寺派総合研究所研究助手。専門は真宗学。

主要著書・論文

『ことばの向こうがわ――震災の影、仮設の声――』（法藏館、二〇一七年）

「本願寺派の仮設住宅居室訪問活動からみた対人支援の方法論」（『宗教研究』八九、二〇一六年）

ほか多数。

浄土真宗本願寺派総合研究所より参りました、安部と申します。私は、東日本大震災の被災地で、試験期間も含めると、二〇一一年七月から仮設住宅の居室訪問活動を行なってまいりました。この居室訪問活動は、宮城県名取市と岩手県陸前高田市に住む地元のボランティアさんたちと共に行なわれているもので、二人一組で仮設住宅のお部屋を一件一件訪問して、お住まいの方のお話を聴くという活動です。活動参加者は、僧侶であるか否かにかかわらず、また被災しているか否かにかかわらず、現地の志のあるボランティアさんたちと一緒に活動を行なっています。活動のなかでは、時には雑談だけで終わることもありますが、その一方で非常に苦しい胸の内を話してくださる場合もあり、それぞれの方に、いろんなお話を聞かせていただきます。

たとえば、あるとき六十代の男性に出会いました。「こんにちは。ボランティアです」と訪問すると、男性は非常に暗い表情をして玄関まで出てこられました。こちらが「いかがお過ごしですか」と聞いても、「うーん」と浮かない表情なんです。「今日はいい天気ですよ」と声を掛けても、「そうだね」などと、気のない返事をされるばかりでした。服装やご様子から察するに、あまり外出もされて

いないようなのです。そこで、「今日いちにち、どのようにお過ごしでしたか」と聞くと、「部屋にいるしかないよ」とおっしゃる。「どうしてですか」と重ねて尋ねてみると、実はその男性は、震災が起きたことで無理がたたり、そのために脳梗塞を患っていらっしゃったのです。左半身が不随の状態で、外出したくてもできない。そういう状況でした。それこそ仮設に入った直後は、同じ仮設に住む方々が「何か手伝うことはないか」「なんでも言ってくれよ」「行きたいところがあれば車出すからな」と言って優しい声を掛けてくださっていたのだそうですが、やがて日が経つにつれ部屋を訪れる人も減ってきて、今となっては「みんな自分の部屋を避けていく」んだそうです。そして、いつしか男性は「こんなところにいたくない。もう誰にも会

いたくない。死んだ方がましだ」と思うようになったというのです。

私たちの訪問活動では、こうした死にたいほどの苦悩に関わろうとしていますが、皆さんだったらどうですかね。話している相手から「死んだ方がまし」という言葉が出たら、何てお声掛けしますか？「じゃあ、お疲れさまです」と言って、その人を置いて次の部屋に行けますか。心配で置いてはいけないですよね。私たちもやっぱりこの男性のことが心配になって「もう少しこの方のそばにいたいな」と思って、その方との時間を過ごしました。

このとき私と一緒に活動していたボランティアさんは「死んだ方がましだ」という言葉を聞いて、「ひょっとして、今も死にたい気持ちになっているんじゃないですか」というふうに尋ねました。死にたいという気持ちを遠くから眺めるのではなく、一歩でも相手に踏み込んで関わろうとされたわけです。すると男性は、静かに頷いて「実は、いまも死にたい気持ちなんだよ」と答えてくださいました。「死にたい」という、打ち明けにくい気持ちに焦点があたったことを境に、そのあと、どんどん気持ちが言葉になって溢れてきます。「震災が起こる前は地域のみんなのためにと思って、一生懸命ボランティアをやってきた」「地域のみんなが喜んでくれる顔を見るだけで楽しかった」「震災が起きてからは体が不自由になって、ボランティアもできなくなって、今度は自分が助けてもらう番だと思っていたら、みんな自分を避けるようになった」「このまま生きていてもしようがない。行き場もないから毎日毎日、部屋にいるしかないんだ」。そんなことをおっしゃいました。

お話の内容そのものは非常に深刻なものです。聞いている私たちの気持ちも暗くなるような悲しいお話です。ところが、その内容と反比例するように、お話が進むにつれて男性の表情がどんどん穏やかになっていくのです。そして最後に、このようにおっしゃってくださいました。「また来てけさいね」。

「また来てけさいね」というのは、「また来てくださいね」という方言です。最初は「死んだ方がましだ」「誰にも会いたくない」とおっしゃっていたのにです。それが、「また来てね」と言われるぐらい、お気持ちが変わっていったんです。この心の変化にこそ、私たちの居室訪問活動の意義があると考えています。

さて、このような死にたいほどの苦悩を抱え、あるいは死を考えるほど追い詰められている方が、仮設住宅にどのくらいおられると思いますか。居室訪問活動をふりかえってみると、だいたい三軒の居室を訪問すると、お一人は、このような苦悩を抱えた方がいらっしゃいます。この比率は六年前に活動を始めた当初と今現在とで、まったく変わりがありません。私たちが訪問活動をしている限られた地域、わずかな時間だけをとっても、これだけの方が苦悩を抱えているわけです。そう考えると、私たちが関わることができない部分で、どれほど多くの方が、誰にも言えない苦悩を抱えて苦しんでおられるのかと思います。

私たちの居室訪問活動は、仮設住宅にお住まいの方の中でも、苦悩を抱えた方を特に対象としています。そして、その目的は、「苦悩を抱えた方を独りぼっちにしない」「死にたいほどの苦悩を少しでも和らげたい」という点にあります。加えて活動の方法は、仮設住宅を一軒一軒、二人一組でこちらから訪問するアウトリーチ型の支援、というかたちで。このように、対象・目的・方法をしっかりと立てているのは、活動をブレさせないためです。ボランティア活動をしようという方は、相手に「何でもしてあげたい」と思ってしまいがちです。しかし、活動の対象・目的・方法を明確にしておかないと、活動内容が変質し、その結果トラブルになることもあるのです。ですので、私たちの活動でも、あらかじめ対象と目的と方法を決めて、そこから外れないよう自己点検しつつ、仮設住宅にお住まいの方の苦悩にしっかり向き合える活動ができるよう心がけています。

さて、震災から六年が経ちました。

今では仮設住宅のお部屋の前に雑草が茫々と生えているところを多く目にします。以前はプランターがあって、植木があって、洗濯物も干してあって、生活感のあふれる風景でした。なのに今は雑草を引き抜くこともされてない。東北の仮設住宅はいま、そんな状況にあるのです。これは、住居者の退去が大きな要因です。公営住宅の抽選に当たったとか、自宅を再建したとか、あるいはご家族の元に引っ越されるなどして、仮設住宅からどんどん人がいなくなっているのです。仮設から出るというのは、一見、幸せなことのように思えます。しかし、実はそんなに単純な話でもないのです。仮設を

出てゆかれる方は、仮設に残る方に引け目を感じて「今までお世話になりました」という挨拶すらできないまま出て行かなくてはなりません。一方で、仮設にお住まいの方からすれば、ある日突然、同じ仮設に住んでいた方がいなくなってしまうわけです。だから、「昨日は誰それさん、今日は誰それさんがいなくなった」とおっしゃる。どんどん仮設が寂しくなっていくのです。そこに住んでいるわけではなく、活動時に仮設に赴いているだけの私たちでさえ、仮設にゆくたびに、すれ違う人、挨拶する人が少なくなって、仮設住宅全体がどんどん寂しくなってゆくのを感じています。

そうした仮設住宅のなかでも、住民の公営住宅への集団転居が決まり、すべての住民が退去した仮設住宅は、順次、取り壊しが始まっています。転居先が決まらず、まだ仮設住宅にお住まいの方々は、その取り壊される他の仮設住宅を見て、どのように思われるでしょう。

震災から六年。仮設住宅を支える木の杭の寿命は六年が限界だといわれています。その六年を過ぎても、まだ仮設住宅に住まざるをえない方々がおられます。そうした仮設住宅では、木の杭の耐久力が落ちているために、今では建物と地面の間に鉄束という金具を差し込んで補強している状態です。取り壊しが行なわれている仮設住宅がある一方で、このように応急処置をしなければならない仮設住宅がある。そこにあと何年住まなければならないのか。大きな矛盾と不安の中で、日々を過ごしておられる人々がいるのです。

そんななかで、ある男性に出会いました。七十代の男性でした。その方は、「俺、日本中からいじめられてるんだ」とおっしゃいました。どういうことだと思いますか？　日本中からさまざまな支援があり、仮設住宅もでき、さらには仮設住宅から早期に転居できるようにと行政が公営住宅も造ってくれました。ところが、どうでしょう。日本中から寄せられた支援物資はいったん仮設住宅の集会所に集められますが、集会所に行きつけの人たちに分配されて、集会所に行く機会の少ない自分のところまでは回ってこない。住む地域によって復興のスピードが違うので、公営住宅ができたところから取り壊される仮設住宅と、公営住宅の建設が進まないために、補強してでも住み続けなければならない仮設住宅がある。同じ仮設住宅に住む仲間だと思っていた人たちは、自分に内緒で突然仮設を出て行く。ようやく慣れた仮設住宅の居室も、いずれはあんなふうに取り壊されていく。これじゃあ「日本中からいじめられてる」という感想をこの男性が抱かれるのも無理のないことじゃないかと思います。こうした状況のなかで、「いじめられてるんだ」って気持ちを打ち明けられたら、皆さんだったら何て言葉を返しますか？

これもさきほどの例と同じです。私たちは、相手の気持ちをそのまま受けとりたい、相手の気持ちに一歩でも近づきたい、という気持ちで関わりを持とうとしています。このとき、同行したボランティアさんが「日本中からいじめられてるんだ」という言葉を聞いて瞬時に返した言葉が、「悔しいですね」という言葉でした。するとその男性は、悔しい思いや、つらかったことなどが、いっぱいいっぱいそこに詰まっていらしたんでしょうね。自分の胸を手で押さえながら、何度も何度も頷いておられました。そして堰を切ったように、「仮設といっても、本当に大変なんだよ。夏は暑いし、冬は寒いし。冬になったら結露はするし、カビも生えるし、何年も経って床は傾くし……」と、日頃の不満や不安がどんどん出てくるのです。「そんな状況のなかでも、これまでずっと頑張ってきたんだよ」と胸の内を明かされました。私たちは、「お一人で頑張ってこられたんですね」「寂しかったですね」と、一つひとつの気持ちを大切に受け取ろうと話を聞いていました。すると男性は、もう言葉にならないんです。ぽろぽろと涙を流され、ただ「うんうん」と頷くだけでした。そして、訪問の終わり際に「世の中、捨てたもんじゃねえな」とおっしゃられました。最初は「日本中、みんなからいじめられているんだ」「自分の居場所なんかないんだ」とおっしゃっておられたのに、たった一人でも分かってくれる存在が現れたことで、「世の中、捨てたもんじゃねえな」と言われるほどに気持ちが動いたのです。本当にすごいことだと思いました。世界中の人がその人を否定したとしても、味方してくれる誰かが一人でもいることで、その人は支えられ、生きていくことができる。それは、たった一人かも知れない。ほんの一瞬かも知れない。しかし、私たちはほんの一瞬であったとしても、たとえ、かりそめの一人であったとしても、今まさに苦悩を抱える方の、その味方の一人になりたいと思って活動を続けています。

ご清聴ありがとうございました。

【講演3】

問われた我々の存在意義

——天台宗防災士の誕生——

高見昌良

高見昌良（たかみ　しょうりょう）

一九七六年生まれ、兵庫県出身。大谷大学文学部史学科卒業ののち、叡山学院研究科卒業、二〇〇二年、天台宗務庁に入庁し、現在、天台宗務庁社会部社会課課長として青少年教化・寺族教化・各種団体の教化育成を分掌担当、また天台宗災害対策本部として各種情報収集（寺院被害状況等）や支援団体（仏教青年会、防災士協議会）との連絡調整を担当。天台宗濟納寺（兵庫県）副住職。

東日本大震災が発生するや、天台宗では災害対策本部を設置しました。この本部を拠点として私は今、全国の僧侶の方々や一般の方々がなさりたいこと、すなわち物資を運びたいとか傾聴活動がしたいとか、あるいは法要をしたい等々の思いを実現するためのコーディネーターのような役割をしています。実際に現地にもしばしば行きました。本日は、その中で感じたこと、活動してきたことをご報告させていただきます。

比叡山には、「己れを忘れて他を利するは、慈悲の極みなり」という言葉が伝わっています。このお言葉は、日本天台宗の開祖である伝教大師最澄さまが、比叡山で修行する者の心構えを示された『山家学生式』という書物の中に記されています。爾来、われわれ天台宗の僧侶は、この教えを全ての行動の規範としてきました。

平成二十三年三月十一日、東日本大震災が発生しました。私ども天台宗におきましても、津波による流出寺院が三カ寺、寺族二名を含む四百七十九名の檀信徒が犠牲になられました。発生から現在に

至るまで、天台宗では災害対策本部を設置し、寺院の復興支援や被災地域へのケア、被災県市町村および一般支援団体への義援金の付託、あるいは多くの被災者の方々への物的・精神的な支援等を団体として、また僧侶個人として、さまざまな形で続けてまいりました。天台宗の災害対策本部が把握しています天台宗僧侶の震災発生後からの延べ支援回数は約五百回、延べ支援人数は約三千名にのぼります。

　被災者への支援の一例といたしましては、福島の若手僧侶が中心となり、福島県南相馬市の社会福祉協議会と連携し、市内の応急仮設住宅において、傾聴活動を続けてまいりました。その傾聴活動の回数は、震災発生後、百六十回を数えています。

　天台宗としては、天台宗の被災寺院復興支援と一般被災者への支援、この両輪を軸に活動を継続していますが、そのようななか、宮城県石巻市で檀信徒が津波の犠牲となった寺院のご住職とお話する機会がありました。その寺院では、毎年お正月に各お檀家さまのお家をまわり、ゆっくりお話なさりながら各家の一年の幸福をお祈りされていかれるのですが、そのご住職がこのようにお話なさいました。「なぜ地震が発生した年の正月に「もし大きな地震などがあったら、すぐに寺院に避難してきてくださいね」と言えなかったのか」と。

天台宗の寺院は、歴史的な背景からか高台で岩盤がしっかりした土地に建てられた寺院が多く、地域によっては一時避難所に指定されている寺院も少なくありません。実際にその寺院にも津波が山門の下まで押し寄せてきましたが、寺院にはまったく被害がありませんでした。もちろん平成二十三年の正月の時点で、その年の三月に大地震が発生するなどということは予測できるはずがありませんが、そのご住職は「自分に災害に備えるという意識が高ければ、寺院を地域檀信徒のコミュニティの核として、何かあったら避難できるような場所にできていたかもしれない。悔やんでも悔やみきれない」と涙しながらお話になられたのです。

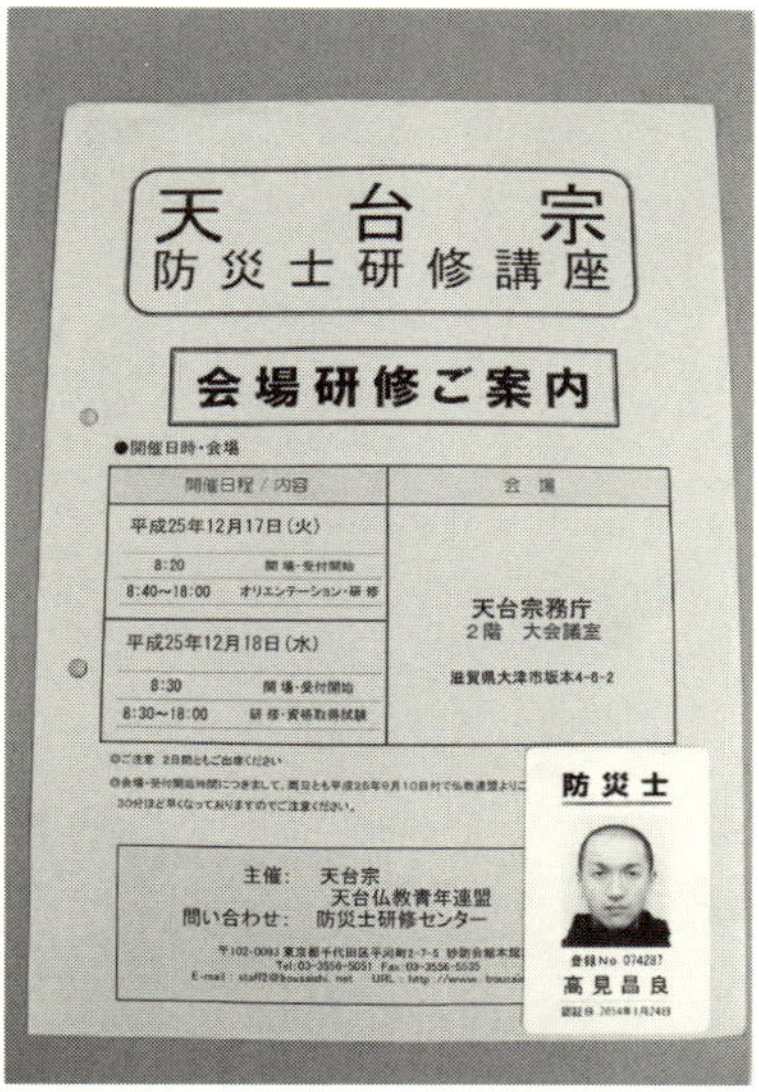

そのような声を受け止めた天台宗は、天台宗の僧侶の防災意識を高め、今後、発生するであろう大災害において、天台宗の寺院および僧侶を地域の人々を救う重要な柱に育てるという方針を決定しました。天台仏教青年連盟という天台宗内の若

手の僧侶で組織する団体と天台宗が協力をし、防災士研修センターの協力をいただいて平成二十五年、天台宗防災士育成研修会を開催いたしました。約百名の僧侶が、日本防災士機構が行う試験に合格し、ここに天台宗の防災士が誕生しました。

しかし、天台宗の教師（定められた修行を終えた僧侶）は約四千名もいるのに対し、防災士資格を取得した僧侶の数はたったの二・五％でした。

そのため、今後の防災士の育成、防災士資格取得者のスキルアップを目的に、平成二十六年五月、天台宗防災士協議会を設立しました。そして、防災士の育成と並行して、天台宗防災マニュアルを作成、全寺院にマニュアルを配布するとともに、天台宗防災士が講師となって全国で講習会を実施し、全寺院の防災意識の向上をはかりました。

このたびのシンポジウムでは「東日本大震災と仏教――仏道の現代的意義――」というテーマをいただきましたが、災害が発生したとき、また発生から復興までの長い期間のなかで、現代に生きる人々が私たち仏教者に求めるものが何であるかという問いと理解したときに、犠牲になられた方々の霊を弔うこと、残された方々の心のケアをすることが大切な役割であることは言うまでもありませんし、私たち僧侶に求められるものだと思っております。しかし私たち仏教者には、深刻な災害が発生する前に担うべき役割があると思います。そう考えると、全国には約七万五千カ寺もの寺院がありま す。その寺院に防災の意識と知識を持った僧侶がいて、日頃から檀信徒ならびに地域の方々と接するなかでつながりを築き上げ、事前に防災・備災の意識を持っていただくよう啓発することで地域全体、日本全体の防災力向上に寄与していけるのではないでしょうか。

各宗派の伝統や教えを伝えること、そこに現代に生まれた新しい知識や技術などのノウハウを加える。それが天台宗防災士であり、龍谷大学が進めておられる臨床宗教師などではないかと思います。各教団の伝統をしっかりと受け継ぎながら、そこに新たな知識をプラスすることで、新たな視野をもった仏教者が生まれ、ひいては仏道の現代的な意義が生まれていくのではないでしょうか。

簡単ではありますが「問われた我々の存在意義」と題しまして、報告させていただきました。

森本公穣

【講演4】

仏教徒として、今やるべきこととやっておくべきこと

森本公穣（もりもと　こうじょう）

一九六八年生まれ、奈良県出身。龍谷大学文学部仏教学科卒業、同大学大学院文学研究科博士後期課程仏教学専攻単位取得満期退学。東大寺大仏殿副院主、東大寺福祉事業団常任理事、東大寺学園常任理事などを経て、現在、華厳宗大本山東大寺庶務執事、東大寺塔頭清涼院住職。

東大寺にせよ薬師寺にせよ、奈良のお寺というのは僧侶が少なく、東大寺でも九十七歳の長老を最高齢に二十歳代半ばまでで二十人ぐらいしかおりません。ですから、奈良では寺院間の交流も盛んで、私も大谷徹奘さんとのご縁で、こうして薬師寺さまの食堂でお話をさせていただく機会が得られたということを本当にありがたく思っております。今回のタイトルを「仏教徒として、今やるべきこととやっておくべきこと」としました。しかし最初にお断りしておきますが、私には「こうだと思います」ということを偉そうに申し上げることはできませんし、もちろんするつもりもありません。東日本大震災の支援活動で感じたままをお話させていただきます。

先ほど大谷徹奘さんから公慶上人のお話をしていただきました。公慶上人は現在の大仏さまと大仏殿を復興なさったお方です。十三歳で僧侶になられてすぐに、師匠に連れられて大仏さまを拝まれました。その頃、大仏殿は戦火で焼かれ、大仏さまは大半が溶けて壊れていました。その傷だらけのお姿を見て、公慶上人は「かわいそうだ、何とか建物を再建して大仏さまを修復し、雨に濡れないようにしたい」と思われたと記録に出てまいります。その後、十九歳の時に、俗に「お水取り」といわれている東大寺修二会《しゅにえ》の行に初めて参籠されました。私も一九九四年の二月、大学院のドクター一年生の時に、初めてこの行に参加させていただきました。全部で十一人の僧侶で行を行なうのですが、最初は下働きです。ただひたすら掃除に明け暮れる一カ月が「研修」という感じなのです。公慶上人の参籠二年目、二十歳の時、修二会の最中の火事で、天平時代からずっとあった二月堂が焼けてしまいます。堂内で行う「ダッタン」という松明《たいまつ》の火が原因の失火でした。掃除係であった公慶上人のショックがいかなるものであったか、私には分かるような気がします。しかし、奈良時代から天下泰平を祈る場であった二月堂は、幕府の援助を受けて二年後には再建されました。この二つの火災が機縁となって公慶上人の大仏殿再建事業が始まります。三十七歳で勧進を開始し、七年かかって今の大仏さまの状態に修復し、さらに大仏殿の修復に取りかかりました。ところが、無理がたたったのでしょう。上棟式まで終えたところで、残念なことに亡くなられました。その後、弟子の方々が後を継いで、今ご覧いただける、現在の大仏殿を再建されました。全ての原点は少年公慶の「想い」から発したものであり、まさしく大仏殿の再建事業は先人がなした「仏道」であったと思います。ひるがえって今、われわれ僧侶の「仏道」が問われていると感じています。

しかし、先ほどからの皆さんのお話をうかがって、「本当にすごいな」とも素直な気持ちで思っています。では、「自分には何が出来ているのだろうか」というのが正直なところです。私は3・11の時に何をしていたかというと、修二会の真っ最中でした。修二会は二月二十日から前行が始まり、三月一日から十五日までの二週間が本行になります。三月十一日というのは、まさにその本行の終わりが見えてきた頃で、もう少し頑張れば一カ月ぶりに家に帰ることが出来るタイミングでした。震災発生の二時四十六分という時間は、ちょうどお昼の法会の最後でした。

修二会が行なわれる二月堂は、厚い岩盤の上に建っています。今は調査によって明らかになっているのですが、千二百年前にどうしてそんなことが分かったのか不思議でなりませんが、地震によってお堂で揺れを感じたことはこれまで一度もありませんでした。ところが、その時はミシーミシーという今まで聞いたことがないような音を聞きました。お堂がきしむ音です。「何だろう」と思いました。私たちはその一カ月間、ずっと世間から離れて暮しているので、携帯電話とかインターネット端末とか、そんなものは全部、自坊に置いて参籠しています。新聞やテレビももちろん見ませんし、全く何も分かりませんでした。結局、お昼のそのお勤めが終わって、お堂から下りて三時半ぐらいだったでしょうか。「東北の方で地震があったらしい」と信者さんに教えてもらいました。「さっきの音はその音か」とは思いましたが、東北と奈良ですから、にわかには信じられませんでした。「ここまでその影響があるとはどのくらいの地震なのか」と思いました。私が実際に津波の映像を見たのは、行を終えて帰宅した三月十五日のお昼過ぎでした。

その時に感じたのは、誤解を恐れずに言えば「敗北感のようなもの」でした。修二会は奈良時代から一度も途切れることなく千二百六十回以上も続けられてきた「不退の行法」です。動物も植物も含めてすべての生き物が幸せに暮せるようにと願って造られた大仏さまの精神を受け継いでいる行法が修二会なのに、よりによってその最中に多くの方々が被災され亡くなられるという大震災が起こってしまった。亡くなられた方々を悼むと共に、なぜこんなことが起こってしまったのか、我々の祈りが足りなかったのかと、本当にもやもやした思いが残りました。

すぐにも状況を把握したいと思ったのですが、なかなか動けませんでした。なぜなら、東大寺には障害児のための病院と幼稚園・中学・高校などの学園があり、その責務を私は任されていたからです。しかし、三月十八日に学校へ行ってみると、生徒の一人が「東大寺境内で募金活動をさせてほしい」と言い、また、別の生徒が教員に「ボランティアをしたいから被災地に連れていってほしい」と言っているとも聞きました。それを聞いて私は、「自分がいまやるべきことはこれだ」と感じ、支援活動をすることに致しました。詳しくはパネルディスカッションの中でお話したいと思いますが、先ほどからのお話にもありますように、今回の震災自体は悲しいことですが、震災を通して今の時代の「仏道」が展開したことは、改めて「素晴らしい」と感じるところです。

2012年３月、岩手県陸前高田市米崎町の広田湾に面した一角。元々建っていた個人のお宅は津波で流出。住宅の再建が認められない地域のため畑に転用予定で、市のボランティアセンターから依頼を受け、表面や地中の瓦礫や石を丁寧に取り除きました。

2015年３月、岩手県陸前高田市広田町の港。漁船や港の設備も多くが流されたそうです。市のボランティアセンターから依頼を受け、家族経営のワカメ養殖業のお手伝いをさせていただきました。また、こういった作業の合間に、生徒たちは被災状況を見て廻ったり、被災者の方々のお話を伺ったりして、様々なことを学びました。

【パネルディスカッション】

東日本大震災と仏教

―仏道の現代的意義―

コーディネーター　若原雄昭
パネリスト　大谷徹奘
金澤　豊
安部智海
高見昌良
森本公穣

若原雄昭（わかはら　ゆうしょう）

一九五三年生まれ、鳥取県出身。龍谷大学文学部仏教学科卒業、同大学大学院文学研究科博士後期課程仏教学専攻単位取得満期退学。龍谷大学文学部講師、助教授を経て、現在、同大学文学部教授。専門はインド仏教学、インド哲学。

主要著書・論文

『龍谷大学図書館所蔵大谷探検隊収集梵文写本（CD-ROM版）』（共編著、龍谷大学仏教文化研究所刊、二〇〇一年）
『倶舎——絶ゆることなき法の流れ——』（龍谷大学仏教学叢書4、共著、自照社出版、二〇一五年）
「縁起法頌再考——註釈文献の紹介を中心に——」（『佛教學研究』第六九号、二〇一三年）
ほか多数。

若原　ただいまご紹介いただきました若原でございます。坐って務めさせていただきます。今ご紹介いただきましたように、私の専門はインド仏教学ならびにインド哲学ですが、アジア仏教文化研究センターのグループ２・ユニットＡでは「現代日本仏教の社会性・公益性」をテーマに現代日本の仏教者による社会活動や地域社会との関わりを広くアジアの諸地域の事例と比較対照しつつ多面的に研究をしており、その班に属しておりますので、本日のコーディネーターを務めさせていただきます。また、浄土真宗本願寺派にはＪＩＰＰＯという非営利法人ＮＰＯの組織があり、その理事も務めています。ＪＩＰＰＯは宗門が社会活動にどのように関わっていくのかという問題意識のもと二〇〇八年に設立された組織で、①国際貢献・国際協力、②貧困者支援、③環境問題の他、④として災害支援・復興を課題として掲げています。ですから、私にとっても有意義な場を与えていただいたことになります。

さて、本日の最初の基調講演は大谷徹奘先生によるもので、ご自身の被災地でのご体験が仏教者としての我が身を問い直すことになったという非常に鮮烈なご報告をいただきました。また、金澤豊先生からは、「地元の宗教者を支援する宗教者」という位置付けを最後の結論としてお示しいただきました。また、安部智海先生からは、苦悩に寄り添っていくというあり方、宗教者ならではの支援というもののご報告がございました。そして、高見昌良先生からは、天台宗防災士の育成プログラムを始められたことを例に、全国の寺院が防災・備災のための地域のコミュニティのコアとなるべきだというご提案をいただきました。最後に、東大寺の森本公穣先生からは、生徒の発言から僧侶の行なうべき道を見出したという率直なお話をうかがいました。そこで、まず私のほうから全体的な問題を一つお尋ねし、先生方からご意見を頂戴したいと思います。

先ほども申しあげましたように、私どもの宗門である浄土真宗本願寺派では、二〇〇八年に新たにＪＩＰＰＯというＮＰＯ組織を立ち上げました。もちろん宗門内での募金活動や助け合い運動は古くからやっておりましたが、宗門からある程度の独立性を保った自立的な活動をしていく組織をあえて立ち上げることにいたしました。仏教的な理念に基づく社会貢献である点にはかわりありませんが、宗門から一定の距離を置いた自由な活動はできないものかと模索したわけです。そこでお尋ねしたいのは、先生方が東日本大震災の被災地の支援活動をなさるにあたっても、一人の宗教者・仏教者としての支援活動であると同時に、宗教団体の一員としての支援活動でもあるという両側面があったと思われます。そこにはメリットやデメリット、限界もあったのではないでしょうか。また、仏教者であるがゆえに可能な道筋というものも見出されたのではないかと思います。こうい

薬師寺食堂《じきどう》でのパネルディスカッション

った点について、まずはお尋ねしたいと思います。いかがでしょうか。

大谷　僧侶であることのメリットといたしましては、先ほども申しましたように、一般の方が入りにくいところまで入れたことですね。それから、相手さまがお坊さんだということで、心を許してお話くださったということです。これがすごくよかった。一方で、一番つらかったことは、僧侶であるから被災なさった方に弱みを見せられないという点でした。ご相談を受けた時には答えなければならないのですが、その答えを持っていない未熟な自分であったことが一番つらかったですね。自分自身ではそれなりのお答えをしたつもりでも、実は被災なさったお方の心を傷つけてしまったのではないかという思いがあります。

金澤　宗門、浄土真宗本願寺派は、「すべての被災された方の悲しみに寄り添い、思いを分かち合う」ということを支援の方針に掲げていました。そのなかで、被災なさった寺院やお檀家の皆さまへの支援は組織的に行なわれようとしていたのですが、当初、それ以外はどうしていいか分からないという状況でした。私は宗教者として人として、いろんな思いをもって現場に入ったのですが、個人で何ができるのか深く思い悩みました。だからといって諦めるのではなく、まずは目の前の仮設住宅を訪問して、出会った一人一人に丁寧に関わることに専念しました。そのことによって、「すべて」とまではいかないまでも、一人一人から全体に近付いていけるのではないかと思いました。組織としての支援方針に基づきながら、自己の振る舞いを問い直すことができたと思っています。

安部　教団で活動するメリットといえば、まずその広範なネットワークやネームバリューなどが挙げられます。とはいえ、私は僧侶の格好で活動を行なってきたわけではないので、いわゆる「お坊さん」というイメージによる活動のメリットは感じにくい面もありました。ただ、私自身は仏教徒として活動することでたくさんの事を学ばせていただきました。私自身が目の前の方と向き合う時、いつも念頭にあるのは阿弥陀さまです。阿弥陀さまが私の苦悩をどのようにご覧になっているのかと考えると、「摂取して捨てざれば阿弥陀と名づけたてまつる」と親鸞聖人がご和讃にうたわれた言葉が頭に浮かんできます。この言葉にずいぶん支えてもらったなという思いがしています。おそらく被災された目の前のその人も、同じように阿弥陀さまの摂取の光の中にあるんだろうなと思いながら、今も活動させてもらっています。この思いは私の根底にあるものですので、メリットと呼べるのかどうかは分かりませんけれども、支援活動をするなかで私自身が多くのものを学ばせてもらったなというふうには思っています。

もう一つはデメリットというか、活動現場で宗教団体であるというところがひっかかりました。仮設住宅に入る時は、本願寺のボランティアセンターという形で入らせてもらうのですが、「布教が目的ではありません」という約束事がありました。もちろん、仮設住宅との信頼関係ができてからはデメリットというようなことはありませんでしたが、いまは、宮城県名取市の活動メンバーが中心となりまして東北自死・自殺相談センター（とうほくsotto）という名前の任意団体を立ち上げました。宗門から一定の距離をとった独立した支援組織であり、それを今、軌道に乗せようとしているところです。

高見　活動するなかで感じたデメリットと言えるかどうか分からないですが、そもそも勘違いしていたことがありました。それは、苦しみを持った人に向き合うのが、苦しみが生まれてからが私たちの役割だという勘違いでした。いわばこれは、宗教者であるデメリットではなかったかと思います。一方、先ほどの報告でも述べさせていただきましたが、苦しみが生まれる前にしなければならないことがあると気づいたことがメリットだったと思います。全国には同じく仏教者である僧侶が三十三万人ぐらいいらっしゃいます。また、寺院は全国に七万五千余カ寺もあります。そのような同じ仏の教えでつながっているメンバーや施設がたくさんあるということは、仏教者にとってすごいメリットではないかと思いました。これを力に変えていけたらいいなと思っています。

森本　私が最初に被災地に入ったのは、地震が起こってからちょうど一カ月たったときでした。全日本仏教青年会という若手僧侶の会がありますが、毎年四月二十六日に五百人から八百人の方々が東大寺に集まられて法要が厳修されます。そのご縁で他宗派の方々とも交流がありましたので、その支援活動の一つに合流させていただいて、福島から宮城、陸前高田などにまいりました。震災から暫く経っていましたので、ある程度の支援の形が出来つつありました。支援活動をしてみて感じたことは、やはり被災者への「傾聴」が大切なものの一つであるということでした。私自身は傾聴について専門に学んだ訳ではありませんので、自分の出来る範囲でしたに過ぎません。今でも印象に残っているのは、傾聴に出向いた折りに、「今朝、表の溝のところでカラスがたくさん集まっていたので見に行ったら人の肩から先の腕があって、それをカラスがついばんでいた」と日常会話のように皆さんがお話なさっていたことです。そんななかに出向いて行って、お話を聞かせていただくというのは、包み隠さず申し上げると、本当に難しいなと思いました。また、そんななかで何が出来るかということを考えていくことも、本当につらいものがありました。

若原　ありがとうございました。今、共通のテーマについてご意見を伺ったわけですが、こうした場を設けることの意義の一つは、これまで個々別々に現場で活動してこられた方々が一堂に会されたことにより情報共有がなされ、それぞれが抱えておられた課題に他の方々がどのように取り組んでこられたか、あるいはまた今度どのようにしていくべきかという示唆や方向性が得られることではないかと思います。そこで、どなたからでも結構ですので、ぜひお聞かせいただきたいと思います。いかがでしょうか。

大谷　では、私から。とても大切なことだと思ったのは、天台宗さまの取り組みです。同じ宗門の中で皆が共通した対応の仕方を学ぶということがすごく重要だと思いました。薬師寺ですと、お坊さんたちの数が少なくて、それぞれが活動を一生懸命しているのですが、どこかで不釣り合いなところが出てまいります。しかし、資格を設けて教団が一つとなって進めていけば、なるほど広がっていくなあと思いました。この話を聞かせていただいて、「天台宗さんっていいな」と感じました。

高見　ありがとうございます。まず、ベースとして被災地でどのような知識を持って活動すべきかということを共有することはすごく大事だと思います。そのため、防災士という資格を取って知識を深め、今もなお研修に励んでいます。もっとも、その知識を持って現地に行っても、現地での対応というのは、本当に千差万別だと思います。しかし、支援活動をする僧侶の意識を高め、共通認識を持つという点では、私ども天台宗は「生きた成果」を挙げているのではないかと思っています。

若原　ありがとうございました。他にいかがでしょう。

安部　防災の分野では、「災害が起こった時は地域の弱点が露呈する」ということがよく言われます。たとえば、災害が起きたことによって、地域に独居の高齢者が多く居たことが分かったり、流通の問題も発生したりします。東日本大震災では、流通が分断されたことでコンビニエンスストアの機能が停止してしまったり、支援物資を送ることができなくなったりもしました。こうした弱点が、災害が起きることによって、一挙に問題化するのです。これは、人と人との関係も同じではないかと思います。震災を通して「きずな」とか「つながり」などの言葉が大きなキーワードになりましたよね。でも、それは裏を返せば、それまで自覚されていなかった「きずな」とか「つながり」などの弱まりが露呈したことではなかったかと思っています。そういう意味で今、私たちがやっている居室訪問活動というのは、人と人とのつながりを取り戻すための支援活動ではないかと思っています。それは、震災が起きる前から大事なものであったし、震災が起きて以降もやはり大事なものであり続けるものだと思います。本日のパネルディスカッションは、震災が私たちに、そして私たちの信仰に何を問いかけているのかということを深く考えるきっかけになったのではないかと嬉しく思っています。

若原　ありがとうございました。金澤先生、どうでしょうか。今日のパネリストの方々のご報告について。

金澤　パネリストの皆様のお話を伺うと、各宗派の取り組みはもちろんのこと、一人一人の意識がすごく大切だと思います。二〇一一年以降も、たくさんの自然災害が起きました。そう考えると、私たちは災害前を生きているという意識を常に保つことが大切なことなのではないでしょうか。もちろん、常日頃は我が身の上には災害が起こらないと思い込んでしまっていますので、なかなか「災害前の私」という意識を持つことは難しいことだと思います。しかし、さまざまな災害の情報を見たり聞いたりすることや、今日多くの方がご参加いただいたことで、皆様一人ひとりにおかれましても、少しでもそんな意識を高めていけるのではないかと、この薬師寺食堂のご尊前において思わせていただきました。

若原　森本先生、いかがでしょう。

森本　震災後という言葉がありました。今、震災後というと当然3・11の後だといわれることが多いと思いますが、思い返せば二十二年前には阪神淡路大震災が発生しています。そのときはどうだったのでしょう。私はまだ二十代でしたので当時、仏教教団や僧侶あるいは仏教系のボランティア団体にどのようなことが求められたのかあまり存じ上げません。私の印象としては、東日本大震災に比して狭い地域で起こり、また都市部であったという点で大きな違いがあるように思えます。神戸には友人が多くいたので、当日の夕方には私は神戸に入りました。武庫川を一本隔てて景色の異なる落差の大きさに驚いたものです。さまざまな支援活動がなされていましたが、川の東西と同じように、被災者の方々と支援者の方々との間に、埋めようのない隔たりを感じました。それは今度の3・11でも感じました。私は陸前高田に入りましたが、津波があった地域となかった地域では厳然とした差がありました。被災のあり方もさまざまでした。そこに温度差がありました。その温度差は東日本と関西の間ではもっと大きく、これを宗教が、仏教がどのようにして埋めていけるのか、本当の意味で寄り添っていけるのかと深く悩みました。阪神淡路大震災以降、仏教等の宗教団体がしてきた努力によって、良い方向に進んできたことは確かなのでしょうが、それでもなお実際に震災が起こってみると、そこに大きな隔たりを感じざるをえません。

私としては今回、現場で感じたそういう思いを若い人たちにも知ってもらい、それをどのように考えるか、また、もし次に大きな震災が発生した時に自分たちに何が出来るのか、それを考えてもらうことが将来に向けての大きな意味を持つと思い、震災後の五年間、東大寺学園の高校生を連れて何度も被災地にボランティアに入りました。感受性豊かな高校生たちは、身体を使ってボランティア活動をすると共に、被災者の方のお話を伺ったり、被害の状況を見たりして、様々なことを考えてくれました。彼らの心に、何らかの「種」は蒔けたのではないかと思っています。

若原　森本先生、ありがとうございました。最後に高見先生、これだけは言っておきたいということがございましたら、お願いいたします。

高見　今回、金澤先生のお話を聞いて、「遺族を支える地元の住職をさらに支える宗教者が必要だ」ということがよく分かりました。これは私には欠落していた視点であり、反省しています。被災地で被災された方々を支えられる宗教者（住職等）にもまた、精神的なケアが必要なのだと確かに思います。東日本のみならず熊本でも地震が発生しました。被災者を支える宗教者のケアという視点をしっかりもって、さらなる支援を続けていきたいと思います。

若原　それでは、せっかくの機会ですので、フロアの皆さまの中で、ぜひ本日のパネリストの先生方にお聞きしたいことがある方、あるいはコメントしたいお方があれば、ご発言ください。蓑輪顕量先生（東京大学大学院教授）がお手を挙げてくださいました。蓑輪先生、よろしくお願い致します。

質問者（蓑輪）　それでは、せっかくの機会ですので一つ質問させていただきます。実は私も世話人の一人なのですが、宗教者災害支援連絡会という組織が震災直後から立ち上がり、ずっと活動をしてまいりました。今回いろいろな宗派の方がいらっしゃいますので、宗教者としての支援というのは何か。何が宗教者らしい支援とお考えになっていらっしゃるのかということをお聞かせください。先生方、いかがでしょうか。

大谷　私は宗教者として被災地に入って一番大切にしていることは、自分の感覚で答えることではなくて、自分が修行させていただいたお師匠やお経さまからいただいたことをお伝えして、「一緒に頑張ろうね」って言ってます。自分の考えで動くのではなく、お経本や先輩方の経験なりを大切にして向き合う点が、宗教者と在家者の違いではないかと思っています。

金澤　宗教者としての支援というのは何かというのは、私にとって自らに問いをぶつけることになります。ですので、実際の支援の前提の話になりますが、自己を見つめることが大切だと思います。高見先生が冒頭でおっしゃった「己れを忘れて他を利するは、慈悲の極みなり」という尊いお言葉がありました。このような祖師のお言葉をかみしめて、己れを忘れていくことができない自分というものをきちっと見つめていくことが大切なのではないかと思います。それには終わりがありません。しかし、根気強く見つめていくことによって、宗教者らしい支援ができるのではないかと思います。

安部　宗教者らしい支援は何か。「支援者」という一方的な立場でものを考えていくと、活動の幅が限定されてくるのではないかと思います。支援者の都合で「こういう支援をしたい」とどれだけ力んでみても、苦悩を抱えた方の思いとつながらなければ、それは意味のないことになってしまいます。「支援者と被災者」ではなく、「あなたとわたし」という、同じく苦悩を抱える者であるということ。苦悩の現場にいるということ、そのこと自体が宗教者として大切なことなのではないでしょうか。とりわけ仏教は苦悩からの解脱を中心に教義を組織づけていますから、苦悩に対してどのように関わりを持てるのかという点に仏教徒としてのあり方が問われてくるのだと思います。では、具体的にどんな活動ができるのか。矛盾するようですが、それはどんな活動でもいいと思います。苦悩の現場からは何でも学ぶことがある。宗教性というのは、何か一つの活動に限定されることではありません。そこに信仰があれば、あらゆる行為が宗教者にとっての学びとなり、宗教的な反省になっていくのではないかと最近思っています。

高見　宗教者らしさ、宗教者らしい支援とは何かということですが、まず一般の方々は仏教者、お坊さんであるということだけで少し心を開かれるのではないでしょうか。一般の方同士で悩み事を聞こうとすると、心を打ち明ける、心を開くということがまず大きな一本のハードルだと思います。しかし、私たち宗教者は違う。被災なさったお方のお話をスポンジのように聴き、悩み事をどんどん聴いてあげることができます。そこが一番、宗教者らしい支援ではないかと思っています。

森本　ちょっと高見さんとは言い方が違うかもしれませんが、私の友人に末期の患者さんばかりが集まる病院のドクターがいます。彼の病院では、お坊さんの病院内での活動を積極的に進めています。

すると、「お坊さんだから」ということでやはり心を開いてくださる人もいる反面、逆にお坊さんだと分かると一切口を閉ざしてしまうという人もいると聞きました。私の体験からしても、「お坊さん」であると分かると、それをきっかけに楽しかった思い出をお話になさる方がある反面、作り話の悪口を話されたこともありましたので、どちらがいいのか私にはよく分かりません。いずれにしても、苦悩する人の苦しみを少しでも緩和することが目的であって、あまりお坊さんであるとか仏法であるとかにこだわってしまうと、活動を狭めてしまう一因になるのではないかと私自身は思っています。おかしな例かもしれませんけれども、二〇一一年の十二月に私は大きな袋にクリスマスプレゼントを入れて、作務衣で仮設住宅を回りました。子どもたちにお菓子を配ったのですが、サンタではなく坊さんからもらったクリスマスプレゼントです。でも、大切なことは少しでも子どもたちが喜んでくれることでした。私自身としては、あまり僧侶とか仏法とかの枠にとらわれず活動することがいいのではないかと思っています。

若原　先生方、ありがとうございました。お話は尽きませんが、時間も大幅に超過してしまいましたので、本日の「東日本大震災と仏教――仏道の現代的意義――」のパネルディスカッションを終了させていただきます。パネリストの先生方、本当にありがとうございました。

以上

龍谷大学アジア仏教文化研究叢書6　刊行の辞

龍谷大学は、寛永十六年（一六三九）に西本願寺の阿弥陀堂北側に創設された「学寮」を淵源とする大学です。その後、明治維新を迎えると学制の改革が行われ、学寮も大教校と名を変え、さらに真宗学庠、大学林、仏教専門学校、仏教大学と名称を変更し、大正十一年（一九二二）に今の「龍谷大学」となりました。

その間、三百七十有余年もの長きにわたって仏教の研鑽が進められ、龍谷大学は高い評価を得てまいりました。そして平成二十七年四月、本学の有する最新の研究成果を国内外に発信するとともに仏教研究の国際交流の拠点となるべき新たな機関として、本学に「世界仏教文化研究センター」が設立されました。アジア仏教文化研究センターは、そのような意図のもと設立された世界仏教文化研究センターの傘下にある研究機関です。

世界仏教文化研究センターが設立されるにあたって、その傘下にあるアジア仏教文化研究センターは、文部科学省の推進する「私立大学戦略的研究基盤形成支援事業」に、「日本仏教の通時的・共時的研究——多文化共生社会における課題と展望——」と題する研究プロジェクト（平成二十七年度～平成三十一年度）を申請し、採択されました。

本研究プロジェクトは、龍谷大学が三百七十有余年にわたって研鑽し続けてきた日本仏教の成果を踏まえ、これをさらに推進し、日本仏教を世界的視野から通時的共時的にとらえるとともに、日本仏教が直面する諸課題を多文化共生の文脈で学際的に追究し、今後の日本仏教の持つ意義を展望するものです。このような研究のあり方を有機的に進めるため、本研究プロジェクトでは通時的研究グループ（ユニットA「日本仏教の形成と展開」、ユニットB「近代日本仏教と国際社会」）と共時的研究グループ（ユニットA「現代日本仏教の社会性・公益性」、ユニットB「多文化共生社会における日本仏教の課題と展望」）の二つに分け、基礎研究等に基づく書籍の刊行や講演会等による研究成果の公開などの諸事業を推進していくことになりました。

このたび刊行される『南都学・北嶺学の世界――法会と仏道――』は、平成二十九年六月三日・四日に、落成なったばかりの奈良法相宗大本山薬師寺さまの食堂《じきどう》を会場に開催されたシンポジウムをもとに、新たに執筆・編集された書籍で、「龍谷大学アジア仏教文化研究叢書」の第六号となります。今後とも、世界仏教文化研究センターの傘下にあるアジア仏教文化研究センターが、日本仏教をテーマとして国内外に発信する諸成果に、ご期待いただければ幸いです。

平成三十年三月十日

龍谷大学アジア仏教文化研究センター

センター長　楠　淳證

【編者略歴】

楠　淳證（くすのき　じゅんしょう）

1956年生まれ。兵庫県出身。龍谷大学文学部仏教学科卒業、龍谷大学大学院文学研究科博士後期課程単位取得満期退学、龍谷大学専任講師、助教授を経て、現在、龍谷大学教授、アジア仏教文化研究センター長。専門は仏教学、特に唯識教学。

主要著書・論文

『日本中世の唯識思想』（共著、永田文昌堂、1997年）
『論義の研究』（共著、青史出版、2000年）
『儀礼に見る日本の仏教——東大寺・興福寺・薬師寺——』（共著、法藏館、2001年）
『心要鈔講読』（永田文昌堂、2010年）
『問答と論争の仏教』（共著、法藏館、2012年）
『暮らしに生かす唯識』（探究社、2013年）
『回峰行と修験道——聖地に受け継がれし伝灯の行——』（龍谷大学アジア仏教文化研究センター文化講演会シリーズ１、編集、法藏館、2016年）
ほか多数。

龍谷大学アジア仏教文化研究叢書6

南都学・北嶺学の世界
——法会と仏道——

二〇一八年三月一〇日　初版第一刷発行

編　者　楠　淳證

発行者　西村明高

発行所　株式会社　法藏館
京都市下京区正面通烏丸東入
郵便番号　六〇〇-八一五三
電話　〇七五-三四三-〇〇三〇（編集）
〇七五-三四三-五六五六（営業）

装幀者　熊谷博人

印刷　立生株式会社／製本　新日本製本株式会社

©J. Kusunoki 2018 *Printed in Japan*

ISBN 978-4-8318-6374-4 C3015

乱丁・落丁本の場合はお取替え致します

龍谷大学アジア仏教文化研究叢書Ⅲ
仏教英書伝道のあけぼの　中西直樹・那須英勝
嵩　満也編　六、五〇〇円

龍谷大学アジア仏教文化研究センター　文化講演会シリーズ1
回峰行と修験道　聖地に受け継がれし伝灯の行　楠　淳證編　一、三〇〇円

龍谷大学アジア仏教文化研究センター　文化講演会シリーズ2
「世界」へのまなざし　最古の世界地図から南方熊楠・大谷光瑞へ　三谷真澄編　一、三〇〇円

儀礼にみる日本の仏教
東大寺・興福寺・薬師寺　奈良女子大学古代学
学術研究センター設立準備室編　二、六〇〇円

ことばの向こうがわ　震災の影・仮設の声　安部智海著　一、一〇〇円

中世初期　南都戒律復興の研究　蓑輪顕量著　一六、〇〇〇円

法藏館　価格税別